COMPTE-RENDU

DU

PROCÈS DE MME HAHNEMANN

DOCTEUR EN HOMŒOPATHIE.

QUESTION D'EXERCICE ILLÉGAL DE LA MÉDECINE.

(Extrait du STÉNOGRAPHE DU PALAIS, recueil de documents judiciaires,
publié par M. HIPPOLYTE PRÉVOST,
chef du service sténographique de la Chambre des Pairs,
rédacteur au *Moniteur universel*, chevalier de la Légion-d'Honneur, etc.

TROISIÈME ÉDITION.

PARIS

CHEZ J.-B. BAILLÈRE, LIBRAIRE,

17, RUE DE L'ÉCOLE-DE-MÉDECINE.

LONDRES

CHEZ H. BAILLÈRE, LIBRAIRE, 219, REGENT'S-STREET.

1847

PROCÈS

DE

MADAME HAHNEMANN,

DOCTEUR EN HOMŒOPATHIE.

QUESTION D'EXERCICE ILLÉGAL DE LA MÉDECINE.

PROCÈS

DE

MADAME HAHNEMANN.

———

Madame Hahnemann, veuve du célèbre inventeur de l'homœopathie, dénoncée par M. Orfila, doyen de la faculté, a comparu, le 20 février dernier, devant la 8e chambre du tribunal de police correctionnelle de la Seine, sous la double prévention d'exercice illégal de la médecine et de la pharmacie. Des dames et un grand nombre d'illustrations médicales et artistiques étaient venues, par leur présence, témoigner de l'estime, de la considération et des sympathies qui accompagnent madame Hahnemann, dans le procès dont nous offrons aujourd'hui, dans ce recueil, le compte-rendu le plus complet et le plus exact.

INTERROGATOIRE DE MADAME HAHNEMANN ET AUDITION DES TÉMOINS.

M. le président, à l'appel de la cause, invite madame Hahnemann à s'approcher. Madame Hahnemann s'avance pour répondre.

M. le président. — Vos noms?

La prévenue. — Marie-Mélanie d'Hervilly, veuve du docteur Hahnemann.

D. Votre âge? — R. 45 ans.

D. Votre état? — R. Propriétaire.

D. Votre demeure? — R. Rue de Clichy, 48.

D. Où êtes-vous née? — A Paris.

D. Vous êtes prévenue d'avoir exercé illégalement la médecine et la pharmacie, et d'avoir distribué des cartes sur lesquelles vous preniez le

titre de docteur en médecine ? — R. Je n'ai exercé ni la médecine ni la pharmacie. Quant au titre de docteur, je l'ai pris parce que j'en ai le droit ; je suis porteur, en effet, d'un diplôme de docteur, qui m'a été conféré par l'académie de Pensylvanie, laquelle est composée des plus grands homœopathes du monde, après Hahnemann.

D. Ce diplôme ne pouvait vous conférer le droit d'exercer en France qu'autant qu'il aurait reçu la sanction des autorités françaises; avez-vous obtenu cette autorisation ?— R. Je ne l'ai même pas demandée. La médecine homœopathique n'étant pas reconnue par la Faculté, je prévoyais un refus.

D. Vous convenez que vous avez exercé la médecine ?— R. L'homœopathie étant une science nouvelle, je donne des conseils aux médecins qui ne savent pas ce que je sais. J'use de l'intermédiaire des docteurs reconnus et reçus par la Faculté, mais je n'exerce point par moi-même.

M. le président. — Nous allons entendre les témoins. Vous pouvez, madame, aller vous asseoir auprès de votre avocat.

Madame Hahnemann prend, en effet, place à côté de Me Chaix d'Est-Ange, chargé de présenter sa défense.

Madame Meunier, 57 ans, rentière, demeurant à Paris, boulevart des Capucines, dépose : Un jour, j'étais allé rendre visite à madame Broggi, une de mes amies ; elle était alors malade ; elle me chargea de porter de sa part à madame Hahnemann une lettre dans laquelle elle lui faisait part de son état ; madame Hahnemann me fit entrer verbalement dans quelques détails, et me demanda des renseignements que je lui donnai du mieux qu'il me fut possible ; cela fait, elle me pria de remettre à madame Broggi deux petits paquets.

D. Savez-vous si madame Hahnemann a été rétribuée de ses soins ? — R. Non, Monsieur, elle n'a jamais accepté d'argent ; seulement j'ai su qu'on lui avait offert une bague.

M. l'avocat du roi Saillard. — Avez-vous connaissance d'un voyage à Versailles ? — R. Un garçon est allé à Versailles, à la vérité, consulter madame Hahnemann; et depuis madame Broggi dit qu'elle avait lieu de se féliciter de cette démarche.

M. Guillemot, 50 ans, docteur-médecin, rue de la Michodière, n. 12. J'ai été appelé à constater le décès de madame Broggi. Sur les questions que j'ai adressées aux personnes présentes, on m'a dit qu'elle avait été soignée par madame Hahnemann.

D. Vous a-t-on dit que madame Hahnemann fût assistée d'un médecin ? — R. Non, j'ai pris moi-même des informations à ce sujet, et l'on m'a dit que c'était madame Hahnemann seule qui avait fait les prescriptions ; du reste, je dois dire que madame Broggi est morte subitement ; j'ai fait part de tous ces faits à M. le maire, qui m'a engagé à les lui dénoncer par écrit.

Le témoin demande à se retirer, et M. le président, du consentement de Me Chaix d'Est-Ange, l'y autorise.

M. Manlius-Torquatus Deleau, 50 ans, docteur en médecine, rue Saint-Lazare, 35.

Ce témoin, ainsi que le suivant, a été assigné à la requête, tant du ministère public que de madame Hahnemann. Il dépose : J'assiste toujours madame Hahnemann. Deux fois par semaine je vais chez elle, les lundis et vendredis. Je vois les malades, je les interroge et j'ordonne les médicaments.

D. Ordonnez-vous les médicaments d'après les conseils de madame Hahnemann ou bien de vous-même ? — R. Je pratique l'homœopathie, je vois les malades, je confère de leur état avec cette dame ; mais c'est moi qui prescris et administre les remèdes.

D. Mais de quelle utilité peut être pour vous cette conférence ? — R. Mme Hahnemann est l'héritière des traditions de M. Hahnemann ; elle me dit : Voici ce que, dans telle circonstance, faisait mon mari ; ce n'est d'ordinaire que dans des cas très-graves que j'ai recours aux lumières de madame Hahnemann. Le plus souvent, moi médecin homœopathe, je constate le mal et je prescris le remède.

D. Ainsi vous exercez une médecine pour laquelle, de votre aveu même, vos connaissances sont insuffisantes ? — R. Je fais en cela ce que font tous les médecins allopathes qui pratiquent l'homœopathie.

D. Est-ce vous qui avez soigné Madame Broggi ? — Oui, Monsieur.

D. Cependant, il semblerait résulter des déclarations des témoins, que Madame Broggi a été soignée directement par Madame Hahnemann.—R. Je ne puis pas toujours être là ; quand je suis absent, Madame Hahnemann, dans le cabinet de consultations, reçoit mes malades et tient un registre sur lequel elle inscrit les symptômes et les diagnostics ; à mon retour, nous en causons, et je rédige l'ordonnance.

D. Ainsi, d'après vous, quand vous êtes absent, Madame Hahnemann, qui n'a pas qualité, diagnostique le malade, et sur ses appréciations vous faites des prescriptions ? — C'est mon droit ; mon diplôme et ma responsabilité sont là ; en définitive, ces faits sont exceptionnels, je suis presque toujours au cabinet de consultations, et quand il en est autrement, je fais ce que faisait Hahnemann lui-même ! Madame Hahnemann était le secrétaire de son mari.

D. Madame Hahnemann ne va-t-elle pas voir les malades ?—R. Jamais sans moi.

D. Recevez-vous des honoraires ?—R. Jamais chez Madame Hahnemann.

Il n'y a que lorsque je vais dehors que je me fais payer. Si le malade est des amis de Madame Hahnemann, elle y va et je l'accompagne parfois. Alors il peut se faire qu'on me paie en sa présence.

M. Simon-Félix Crozerio, 60 ans, docteur-médecin, rue Bleue, 32, dépose : Mme Hahnemann m'a souvent appelé pour soigner des malades, et j'ai eu souvent l'occasion de recourir à ses conseils ; elle avait beaucoup étudié avec son mari. M. Hahnemann, qui ne mentait jamais, m'a dit souvent : « Ma femme connaît parfaitement l'homœopathie ; elle en sait autant que moi. » Esprit intelligent et réfléchi, ajoute le témoin, Madame Hahnemann a hérité des traditions de son mari. M. Deleau, à ma connaissance personnelle, l'assistait toujours, et, dans les cas incertains, lui comme moi, nous la consultions, parce que nous lui croyions toute la capacité d'un docteur-médecin.

D. Ainsi, à vos yeux, c'était un médecin ?—R. J'avais toute confiance en elle.

D. Elle ordonnait, et vous signiez les prescriptions.— R. Non pas, je les faisais et les signais.

D. Vous l'appeliez à vos consultations comme un confrère ?— R. Oui, parce que j'avais reconnu que ses connaissances étaient plus étendues que celles de tous les médecins homœopathes ; moi-même, malade, je lui demandais des avis.

M. l'avocat du roi. — Et les honoraires ?—R. Je les recevais moi-même.

D. Madame Hahnemann en recevait-elle ? — R. Jamais.

M. Lethière, pharmacien, rue de Clichy, 48 ans : C'est moi qui prépare et délivre les médicaments aux personnes qui viennent consulter Madame Hahnemann, assistée de ces messieurs.

D. Vous les commande—t-elle hors de la présence de ces messieurs ?— R. Jamais.

D. Vous avez un diplôme de pharmacien? — R. Oui, Monsieur.

D. Il n'est pas enregistré à la préfecture de police?—Non, Monsieur, parce que je n'ai ni patente ni officine. — Les médicaments étaient donnés et jamais vendus.

M. le président. — La parole est à M. l'avocat du roi.

RÉQUISITOIRE DE M. SAILLARD, SUBSTITUT DU PROCUREUR DU ROI.

MESSIEURS,

Cette affaire est terre-à-terre et très-simple ; elle ne peut pas comporter une longue discussion. Nous n'allons point chercher à rapprocher la médecine homœopathique de la médecine pratiquée aujourd'hui, et apprécier, ce que nos connaissances, à coup sûr, nous refuseraient de faire, quel est l'avantage de l'une sur l'autre. Nous ne nous livrerons pas davantage à l'examen de la question de savoir quelle est la science de madame Hahnemann. Nous reconnaîtrons, tant qu'on voudra, que madame Hahnemann, qui a puisé aux véritables sources de la médecine homœopathique, la comprend mieux que personne ; nous admettrons, si l'on veut, qu'elle est plus habile que tous les hommes habiles qui pratiquent la médecine à Paris. Telles ne sont point les questions du procès. La loi dit à madame Hahnemann qu'elle n'a pas les connaissances suffisantes pour exercer la médecine, parce que la loi ne reconnaît de connaissances suffisantes qu'à celui qui est porteur d'un diplôme parfaitement en règle.

Nous n'avons donc à examiner qu'une simple question de légalité. Madame Hahnemann exerce-t-elle la médecine? A-t-elle le droit d'exercer la médecine? Fait-elle de la pharmacie? A-t-elle le droit de faire de la pharmacie? Voilà les questions toutes simples, terre-à-terre, qui surgissent dans ce procès, et qui doivent être examinées par nous.

Quant à l'exercice de la médecine, madame Hahnemann allègue un diplôme; c'est un point sur lequel on n'insistera pas ; parce qu'il est bien entendu que ce diplôme, qui a été délivré en pays étranger, ne peut avoir aucune force en France. Il est reconnu par madame Hahnemann qu'elle n'a point présenté ce diplôme aux autorités françaises, et qu'elle n'a point reçu l'autorisation d'exercer la médecine en France. Ce sont des points, nous le pensons, tout-à-fait constants, et qui ne peuvent pas être contestés.

Cependant madame Hahnemann prend le titre de docteur en médecine. Ainsi, nous avons sous les yeux une carte qui a été remise par elle à un client, et qui porte ces mots : *Madame Hahnemann, docteur en médecine homœopathique.* Nous entendons tout aussitôt dire : Mais il s'agit de la médecine homœopathique! La loi ne fait pas de distinction. La loi défend de prendre le titre de docteur en médecine, quand ce titre n'est pas justifié par un diplôme ; elle défend tout aussi bien que l'on prenne le titre de docteur en médecine ordinaire que le titre de docteur en médecine homœopathique ; la distinction n'est point admise par la loi.

Le seul fait à examiner est celui de savoir si la dame Hahnemann a exercé la médecine.

Sur ce point, nous n'avons que de très-courtes observations à présenter au Tribunal. Nous avons des faits tout-à-fait spéciaux ; et puis, alors même que nous admettrions les déclarations qui viennent d'être faites par les deux médecins qui assistent madame Hahnemann, et en acceptant ses propres assertions, il n'en résulterait pas moins, de la manière la plus évidente, que madame Hahnemann se livre journellement à l'exercice de la médecine. Nous disons que nous avons des faits spéciaux ; en effet, vous avez entendu à votre audience la dame Meunier qui vous a dit que, madame Broggi se trouvant malade, elle est allée elle-même chez madame Hahnemann avec la femme Broggi ; madame Hahnemann a interrogé la dame Broggi sur les symptômes de la maladie qu'elle éprouvait ; puis ensuite elle a prescrit des médicaments, formulé des ordonnances qui ont été suivies par madame Broggi. Madame Hahnemann était seule en ce moment ; elle n'était point assistée de médecins. M. Broggi, qui n'a pas pu être entendu devant vous, avait fait une déclaration semblable. Il avait dit, lui aussi, que lorsque sa femme était rentrée, elle lui avait déclaré que madame Hahnemann était seule, et qu'il n'y avait point de médecin près d'elle. Lorsque M. Guillemot a interrogé le sieur Broggi et la dame Meunier, après le décès de la dame Broggi, tous deux lui ont déclaré qu'au moment des consultations données par la dame Hahnemann à la dame Brodgi, la dame Hahnemaan était seule et n'était point assistée de médecins.

Ainsi, ces premières déclarations viennent déjà établir, aux yeux du tribunal, que la dame Hahnemann se livrait seule à l'exercice de la médecine.

Il y a encore un autre fait qui a de la gravité : c'est le voyage à Versailles. Le tribunal n'a pas perdu de vue qu'il est résulté de la déclaration des témoins, que madame Broggi, ne pouvant pas aller consulter madame Hahnemann, envoya, à plusieurs reprises un jeune homme de sa maison, à Versailles, qui indiqua à madame Hahnemann quel était l'état de madame Broggi, et que ce jeune homme revint de Versailles avec une consultation, avec une ordonnance de la dame Hahnemann. Eh bien ! à coup sûr, la dame Hahnemann ne s'était pas fait suivre à Versailles par le docteur Deleau ; cela n'est pas admissible : elle était donc seule à Versailles ; et seule, à Versailles, elle donnait des consultations ; elle exerçait donc la médecine.

Sans apprécier quelle est la position de la dame Hahnemann, assistée qu'elle prétend être par les docteurs, vous avez là des faits positifs, qui ne permettent pas de douter que la dame Hahnemann se soit livrée à l'exercice de la médecine.

Maintenant, l'assistance prétendue des docteurs Deleau et Cruserio pourrait-elle changer la nature du délit ? Le Tribunal ne peut pas le croire. Qu'on interroge madame Hahnemann elle-même, elle va vous dire qu'elle a confiance dans sa science, mais qu'elle n'a aucune foi dans celle des médecins. Par quelle expression a-t-elle commencé sa déclaration ? Elle vous a dit qu'elle conseillait les médecins sur les prescriptions qu'ils avaient à donner aux malades. Si vous entendez les docteurs Deleau et Croserio, il va résulter de leurs déclarations qu'ils ne sont que des instruments dans les mains de madame Hahnemann ; ils sont là pour lui servir de manteau, et donner aux faits une apparence de légalité. Tous deux, en effet, vous ont dit que, lorsque les malades avaient énoncé les symptômes de leurs maladies, ils se concertaient avec madame Hahnemann pour donner aux malades les prescriptions qu'ils devaient suivre. Est-ce qu'il n'est pas certain que c'est la dame Hahnemann qui est l'ame de ces consultations? Est-ce qu'il n'est pas certain que c'est elle qui les dirige; que c'est d'elle que dérivent les prescriptions qui sont données aux malades qui se présentent devant elle? Mais les deux médecins ont été obligés d'aller plus loin. D'un côté, ils étaient entrainés par la vérité; d'un autre, il fallait bien rendre hommage à la supériorité de madame Hahnemann. Eh bien! ils nous ont déclaré que, lorsque le cas était difficile, eux-mêmes pensaient que la dame Hahnemann, qui agissait sous les inspirations que lui avait laissées le docteur Hahnemann, inventeur lui-même de la doctrine homœopathique, avait des lumières qu'ils n'avaient pas, et qu'alors ils s'empressaient de se rendre à sa pensée et de suivre ses conseils. Mais, messieurs, c'est particulièrement pour ces maladies graves que la loi veut que les médicaments ne puissent être prescrits que par un docteur en médecine. Eh bien! c'est précisément dans ces cas graves que les deux docteurs en médecine s'effacent, disparaissent; que c'est la pensée de madame Hahnemann qui domine seule, que c'est elle qui décide du sens dans lequel la consultation sera donnée. Est-ce que le tribunal, dégageant les faits de ces apparences trompeuses, ne verra pas la réalité des choses, c'est-à-dire, madame Hahnemann seule, donnant des conseils, des prescriptions, et puis les deux médecins appelés par elle, évidemment pour couvrir ce que nous appelons une fraude à la loi, mais ne donnant pas eux-mêmes les prescriptions, n'interrogeant point eux-mêmes les malades, et n'étant pas ceux qui, en définitive, exercent la médecine? C'est donc madame Hahnemann seule, le tribunal ne saurait refuser de l'admettre, qui exerce la médecine sous le nom des deux docteurs.

L'un des docteurs est allé jusqu'à dire que, lorsque lui-même avait besoin de conseils, qu'il était malade, il avait recours à madame Hahnemann; c'est là encore un fait d'exercice de la médecine. En sorte donc que vous avez, d'une part, des faits précis, des faits qui établissent qu'à l'égard de la femme Broggi, la dame Hahnemann s'est livrée d'une manière certaine à l'exercice de la médecine; et que, d'un autre côté, vous avez également des faits qui établissent que, lorsque les deux docteurs sont présents, c'est de madame Hahnemann seule que dérivent, qu'émanent toutes les consultations données aux malades; et que les médecins ne sont, en quelque sorte, que des instruments de sa volonté, des instruments dociles qui exécutent ses ordres, et qui sont là pour la couvrir d'un manteau de légalité. Parce qu'on sait que la loi lui interdit l'exercice de la médecine , on veut tourner la loi ; mais les magistrats ont trop de sagacité pour se laisser tromper par ces fausses apparences. Ils sauront reconnaître la vérité des faits ; ils verront que la dame Hahnemann seule dirige tout, exerce seule la médecine. Et, s'il en était autrement, Messieurs, est-ce que les faits pourraient se passer ainsi ? Si ces docteurs sont habiles médecins, s'ils ont de la célébrité, à quoi bon venir se placer dans le domicile de madame Hahnemann pour donner des consultations? Le bon sens, la raison , indiquent que les docteurs resteront chez eux , qu'ils attendront les malades et donneront des conseils à ceux qui se présenteront. Quel besoin ont—ils de la présence de madame Hahnemann pour apprécier les maladies qui leur sont soumises? Nous croyons donc que le Tribunal n'hésitera pas à reconnaître que la dame Hahnemann se livre à l'exercice de la médecine.

Quant à l'exercice de la pharmacie, il en est de même; il est avoué par la dame Hahnemann qu'elle livre des remèdes à des malades. Maintenant, ces remèdes, par qui sont—ils préparés? Ils le sont par le sieur Le Thière qui prétend être pharmacien ; mais quelle est sa position ? C'est sur ce point que nous l'avons interrogé tout—à—l'heure. Il déclare qu'il est reçu pharmacien; il a effectivement un diplôme de pharmacien ; mais ce n'est pas tout ce qu'il faut pour être pharmacien. La loi de germinal an XI nous fait connaître quelles sont les conditions préliminaires pour exercer cette profession; il faut , non-seulement avoir un diplôme de pharmacien , mais il faut avoir fait une déclaration à l'autorité compétente, et, à Paris, à la préfecture de police. Il faut avoir une officine publique, qui soit perpétuellement ouverte à l'examen de l'autorité. Il faut avoir une officine pourvue de tous les médicaments exigés par les règlements. Le sieur Le Thière ne remplit aucune de ces conditions; il a seulement un diplôme , c'est-à-dire qu'il est apte à devenir pharmacien ; mais il n'a point fait à l'autorité la déclaration voulue par la loi de germinal; mais il n'a point d'officine ouverte ; mais il n'a point d'officine suffisamment garnie des remèdes exigés par les règlements. Il n'est donc pas pharmacien. Ce serait par conséquent vainement que la dame Hahnemann chercherait à s'abriter derrière son nom pour se livrer à l'exercice de la pharmacie. En débitant des remèdes, soit qu'elle les ait vendus, soit qu'elle les ait livrés gratuitement, elle a contrevenu à la loi.

Voilà, Messieurs, toute la prévention. Les deux délits d'exercice de la médecine et de la pharmacie sont constants.

Nous attendrons, pour y répondre, les observations qui vont se produire dans l'intérêt de la dame Hahnemann.

Nous requérons qu'il plaise au Tribunal faire, à la dame Hahnemann, l'application des art. 35 et 36 de la loi du 19 ventôse, an XI , 36 de la loi du 21 germinal, an XI ; et 6 de la déclaration du 25 avril 1777.

PLAIDOIRIE DE Me CHAIX D'EST-ANGE.

MESSIEURS,

L'affaire n'est pas *et si simple et si terre-à-terre* que vous l'a dit M. l'avocat du roi ; c'est une question dans laquelle, sans doute, la légalité domine, mais dans laquelle la légalité n'est pas seule ; l'honneur aussi est en jeu. Pour son appréciation morale et judiciaire, il faut entrer dans tous les détails qui expliquent la situation ; il faut exposer toutes les circonstances qui s'y rattachent. Aussi, quoi qu'en ait dit M. l'avocat du roi, je ne sacrifierai pas au désir d'abréger les instants si précieux du tribunal, le besoin que j'éprouve de vous faire connaître ces détails et ces circonstances. Vous verrez alors que, dans cette cause si simple, s'agite une des plus grandes questions qui puissent être discutées devant vous ; non pas la question de la supériorité d'une doctrine sur l'autre, mais la question de savoir si toutes les circonstances où nous nous trouvons, et qui sont dénoncées à notre charge, ne sont pas des faits permis. C'est là, je le répète, une des plus importantes questions qui puissent s'agiter devant vous, et je ne la sacrifierai pas au désir, que vous blâmeriez vous-mêmes, d'abréger vos moments.

Un homme qui est l'honneur de notre littérature, Bossuet, a développé ce principe, que la vérité est immuable, qu'elle est une, sans contradiction, sans variation, sans changement ; et que là, où règne l'anarchie, la mobilité, le changement, la vérité n'est pas, la vérité ne saurait être. C'est ce qui a donné naissance à cet admirable livre qu'il a appelé l'*Histoire des variations des églises protestantes.* Il les a montrées incertaines, changeantes, sans unité, sans loi reconnue, se combattant l'une l'autre, et se donnant de continuels démentis. Il en a conclu que la vérité n'était pas dans leurs doctrines contradictoires.

Ce principe, appliqué à la médecine, c'est-à-dire à l'art de guérir, tel qu'il est connu et pratiqué depuis qu'Hippocrate a paru, suffirait pour démontrer l'incertitude, le vague, les dangers de la médecine telle qu'elle existe. En effet, la voyant livrée aux doctrines les plus contradictoires, aux systèmes les plus opposés, nous reconnaîtrons que jamais, dans la marche progressive des sciences qui ont fait la gloire de l'humanité, il n'y a eu une science plus mobile, plus changeante, et moins sûre d'elle-même ; ce serait pour des savants une curieuse histoire, que celle de ces variations, une étude digne d'intérêt que celle de tous ces changements, de toutes les révolutions si brusques et si incessantes qui se sont manifestées dans son sein.

Ainsi, messieurs, à chaque siècle, ou plutôt à des périodes beaucoup plus courtes, un système succède à un autre système, le détruit, le combat, en montre l'absurdité, le danger mortel. Ce n'est pas seulement à chaque siècle successif, à chaque période diverse, qu'il en est ainsi ; non, ce sont les contemporains eux-mêmes qui, maîtres de la science les uns et les autres, placés, les uns et les autres, à sa tête, s'accusent en face, se combattent réciproquement, d'une Faculté à l'autre, et jusque dans le sein de la même Faculté ; s'accusent d'ignorance, c'est-à-dire d'une science fausse qui conduit à tous les abus. Et nous, cependant, nous ne pouvons rester spectateurs tranquilles de ces combats et de ces luttes ; nous ne pouvons les voir d'un œil sec et d'une ame désintéressée ; car, en définitive, nous sommes les enjeux de leurs querelles ou plutôt les premières victimes de leurs combats ; tous, tant que nous sommes, nous vivons au milieu de cette arène où ils se battent ; ce ne sont pas eux, mais nous, qui recevons les coups, et ces coups-là sont mortels !

C'est donc dans cette situation que la médecine, telle qu'elle est pratiquée, je le répète, depuis Hippocrate, est accusée d'incertitude, de mensonge, d'absurdité, je ne dirai pas seulement par les ignorants, par ceux qui jugent la science sans la connaître, mais par ceux qui la pratiquent et qui sont placés à sa tête.

Qu'il me soit permis, à cet égard, de faire passer un seul témoignage sous vos yeux ; et soyez sûrs que je n'abuserai pas de vos moments.

Déjà le plus savant médecin du xviiie siècle, Boerhave, s'était demandé si la médecine avait rendu des services à l'humanité, ou si, au contraire, elle avait été pour elle un fléau. Voici dans quels termes il avait posé la question :

« Si l'on vient à peser mûrement le bien qu'a procuré aux hommes une poignée de vrais fils d'Esculape, et le mal que l'immense quantité de docteurs de cette profession a fait au genre humain depuis l'origine de l'art jusqu'à ce jour, on pensera sans doute qu'il serait plus avantageux qu'il n'y eût jamais eu de médecins dans le monde. »

BOERHAVE, *Inst. Méd.*, page 401.

Un autre savant, que nous avons connu, que nous avons vu, s'est

posé de nos jours la même question. C'est M. Broussais; il la traite avec
une vérité de détails si saisissante, si effrayante, que je vous demande la
permission de mettre sous vos yeux ce passage :

« La médecine a-t-elle été plus nuisible qu'utile à l'humanité ? »

Il répond :

« Que l'on porte maintenant ses regards en arrière, qu'on se rappelle
tout ce que nous avons dit des vices si multipliés de la pratique médicale; qu'on se figure, dans toutes les parties du monde civilisé, des
légions de médecins qui ne soupçonnent même pas l'existence des in-
flammations gastriques ni l'influence de ces phlegmasies sur le reste des
organes, qu'on se les représente versant à flots des purgatifs, des vomi-
tifs, des remèdes échauffants, du vin, de l'alcool, des liquides imprégnés
de bitume et de phosphore sur la surface sensible des estomacs phlogosés;
que l'on contemple les suites de cette torture médicale, les agitations,
les délires frénétiqnes, les cris de douleur, les physionomies grimaçan-
tes, hideuses, le souffle brûlant de tous ces infortunés qui sollicitent un
verre d'eau pour étancher la soif qui les dévore, sans pouvoir obtenir
autre chose qu'une nouvelle dose du poison qui les a réduits à ce cruel
état; que l'on voie ces innombrables victimes passer de cette violente
excitation à un abattement total, inonder leur couche de leurs ordures,
exhaler une odeur empestée, et terminer ainsi leurs souffrances et leur
vie; que l'on réfléchisse bien sur l'impossibilité où sont tous ces mal-
heureux incendiés d'éviter un pareil sort, à moins que la nature ne
provoque une crise violente ; que l'on pense aux dangers de ces mêmes
crises, qui, quand elles ne sont pas elles-mêmes une cause de mort, peuvent laisser, à leur suite, des cécités, des surdités, des paralysies, un état
d'imbécillité, la mutilation des membres, une santé tellement affaiblie,
qu'il faut des mois, des années, et toute la vigueur du jeune âge pour
revenir à l'état habituel de santé; que l'on promène ses regards sur la
société pour y voir ces physionomies moroses, ces figures pâles ou plom-
bées qui passent leur vie entière à écouter leur estomac digérer, et chez
qui les médecins rendent encore la digestion plus lente et plus douloureuse par des mets succulents, des vins généreux, des teintures, des
élixirs, des pastilles, des conserves, jusqu'à ce que leurs victimes suc-
combent à la diarrhée, à l'hydropisie ou au marasme ; que l'on remar-
que à côté, ces obstrués qui remplissent journellement leurs vases du
produit de leurs pilules et de leurs eaux fondantes, jusqu'à ce qu'ils aient
partagé le sort des précédents; que l'on observe ces tendres créatures à
peine sorties du berceau, dont la langue déjà se dessèche et rougit, dont

le regard commence à exprimer la langueur, dont l'abdomen s'élève et devient brûlant, dont le cœur précipite ses pulsations sous l'influence des élixirs amers, des vins antiscorbutiques, des sirops sudorifiques, mercuriels, dépuratifs, qui doivent les conduire à la consomption et à la mort.

. . . .

. . . .

« Or, tant que la médecine ne pourra pas être enseignée de manière à devenir à la portée de toutes les intelligences ; ou bien, si l'on aime mieux, tant que les préceptes de cette science, quelles que soient la clarté et la précision qu'affectent de leur donner les auteurs des différents systèmes, ne produiront pas une immense majorité de médecins heureux dans la pratique et toujours d'accord entre eux sur les moyens à opposer aux maladies, on ne pourra pas dire que la médecine est une véritable science et qu'elle est plus utile que nuisible à l'humanité. »

BROUSSAIS, *examen des doct. méd.*

« Donc :

« Médecine, pauvre science !
« Médecins pauvres savants !
« Malades, pauvres victimes !

Le docteur FRAPPART, élève et ami de Broussais.

Je ne veux pas prolonger ce tableau ; mais cette peinture misérable pour nous tous, il la termine en disant :

« Que l'on prononce maintenant si la médecine a été jusqu'ici plus nuisible qu'utile à l'humanité. »

Voilà, Messieurs, dans quel état, depuis qu'elle existe, depuis qu'elle est au monde, se trouve la médecine reconnue par l'autorité, protégée par elle, soutenue par elle, et à laquelle, de par la police correctionnelle, et de par M. le Procureur du Roi, nous sommes tous condamnés. Cependant, Messieurs, au milieu de ce désordre, de cette anarchie; au milieu de ces ténèbres au travers desquelles brillaient de temps à autre des esprits supérieurs, des hommes de génie qui venaient jeter là quelque système nouveau, et apporter ainsi leur pierre à cette tour de Babel; au milieu, dis-je, de ces ténèbres, parut un homme dont il faut que je vous entretienne, non pas pour vous initier à ses travaux, non pas pour vous faire juger ses doctrines, — grâce au ciel, ces questions ne sont plus, comme autrefois, soumises au Parlement, —mais, du moins, pour vous montrer par quelques indications quel homme c'était, et enfin, quel pas il a fait faire à la science.

Cet homme, vous l'avez nommé, c'est Hahnemann, né le 17 avril 1755, à Meissen, dans le royaume de Saxe. Tout jeune, il se livra, avec une ardeur incessante, curieuse, persévérante, à l'étude de la science médicale et de toutes les sciences accessoires qui s'y rattachent. Il y obtint des succès d'argent. Il y fut affligé, cependant, par d'inexplicables malheurs ; habile autant que les autres, ayant de la réputation autant et plus qu'eux, après avoir fait un grand nombre d'ouvrages, après avoir acquis une grande clientèle, après s'être placé dans la position la plus honorable, après être devenu membre de plusieurs sociétés savantes, et après que l'Académie des Sciences de Mayence, entre autres, l'eut appelé dans son sein comme une des gloires de la médecine, il était arrivé, si je ne me trompe, à l'âge de 40 ans environ, c'est-à-dire à l'âge où le médecin a atteint peu à peu à son apogée et a mérité la confiance publique, lorsque, au milieu de ses succès, affligé de malheurs qui lui semblaient inexplicables, de pertes qu'il ne pouvait pas comprendre, dont sa science imparfaite ne pouvait pas deviner le secret, il s'indigna contre son art, contre la médecine qu'il pratiquait, contre toutes les conjectures auxquelles il s'était livré, contre l'impuissance à laquelle il était condamné ; à ce propos, il rendait compte de ses scrupules, de ses angoisses, dans une lettre qui n'a été publiée que plus tard, en 1808, mais dont je vous demande la permission de vous citer un passage. Cette lettre était adressée à Huffland, premier médecin du roi de Prusse.

« Depuis dix-huit ans je me suis écarté de la route battue en médecine. C'était un supplice pour moi de marcher toujours dans l'obscurité, avec mes livres, lorsque j'avais à traiter des malades, et de prescrire, d'après telle ou telle hypothèse sur les maladies, des choses qui ne devaient non plus qu'à l'arbitraire leur place dans la matière médicale. Je me faisais un cas de conscience de traiter les états morbides inconnus de mes frères souffrants par ces médicaments inconnus. Devenir ainsi le meurtrier ou le bourreau de mes frères, était pour moi une idée si affreuse et si accablante, que, dans les premiers temps de mon mariage, je renonçai à la pratique, pour ne plus m'exposer à nuire, et m'occupai exclusivement de chimie et de travaux littéraires. »

Tel fut, en effet, l'admirable exemple donné par un homme dont nous n'avons pas à apprécier les doctrines, la supériorité. Il s'était marié il y avait quelques années ; il avait acquis la position la plus honorable : Dieu avait béni son mariage ; car son mariage lui avait donné onze enfants. Il avait espéré pour eux un avenir heureux, meilleur que ses commencements; il devait leur faciliter la carrière et les y soutenir. Le bruit de sa science, de ses succès, se répandait; mais il est affligé de ses revers, et ne pouvant pas expliquer les malheurs qui lui arrivent, il quitte, il abandonne tout; il laisse sa clientèle, ses espérances, sa fortune, sa gloire, et, par un scrupule dont je ne connais pas un autre exemple, le voilà qui, ramassant autour de lui sa famille, emmène ses enfants à la campagne, et va y vivre presque du travail de ses mains, malgré les réclamations de sa famille et les luttes intérieures qu'il eut à soutenir. Il abandonna tout; il réunit quelque argent, bien peu, car sa fortune était loin d'être faite, il alla vivre à la campagne, en sabots, se livrant lui-même à des travaux manuels dans son intérieur, et en même temps se livrant à de savantes recherches ou traduisant des ouvrages étrangers, dans un style élégant, pur, et dont tout le monde admirait la simplicité et la correction.

Voilà, messieurs, ce qu'a fait Hahnemann; et, sans savoir si sa doctrine est bonne ou mauvaise, il faut tenir compte à cet homme de ce qu'il y avait en lui de généreux, de pur, d'honnête, d'irréprochable. Ce fut là, messieurs, que, au milieu de ses traductions, se livrant à des travaux sur les sciences accessoires de la médecine, sur ces sciences qui ont du moins quelque chose de positif, et qui ne sont pas livrées à toutes les variations, à toutes les incertitudes d'un art conjectural; ce fut là, dis-je, qu'il fit des découvertes importantes et auxquelles son nom demeure attaché. Ce fut là notamment, dans cette campagne obscure, et au milieu de ses traductions, qu'il trouva le moyen de rendre le mercure soluble; de telle sorte qu'on l'appelle encore le mercure Hahnemann. La médecine qu'il avait pratiquée longtemps, qu'il avait suivie dans tous ses secrets, dans toutes ses profondeurs, vivait alors, depuis une éternité, sur un principe que vous connaissez tous, qui se formule en deux mots, le principe *contraria contrariis*. Le médecin arrivait, il s'approchait du lit du malade, il étudiait tous les diagnostics, il cherchait à comprendre et à saisir le principe du mal; là était l'habileté du praticien. Quand il avait compris, ou qu'il avait cru comprendre le principe du mal, il agissait alors en vertu du principe contraire: ainsi, lorsqu'il y avait une inflammation, il commençait par tirer du sang, c'était l'application la plus directe de cette règle sur laquelle je viens de rappeler votre attention : *contraria contrariis*. Il fallait combattre le principe même de la maladie, par un principe contraire. C'était là, messieurs, le point de départ de la médecine telle qu'elle était pratiquée.

Eh bien! Messieurs, Hahnemann s'est demandé si ce point de départ n'était pas faux ; si ce n'était pas là la cause, l'origine de ces mécomptes

dont il avait gémi, et que, dans sa sincérité, il se reprochait encore. Il
chercha donc si le principe fondamental de la médecine n'était pas un
principe vicieux ; et alors, avec un courage héroïque, avec une patience
qui ne se démentit jamais, là, dans cette campagne, au milieu des travaux
de ses traductions, au milieu des découvertes qu'il venait de faire, il expérimenta sur lui-même les médicaments les plus violents, les plus mortels, et presque toujours jusqu'à la dernière limite, restant à peine en
deçà de cette ligne qui sépare la vie que Dieu nous a donnée, de la mort
que le poison pouvait lui apporter.

Il y avait à cette époque trois agents principaux qui étaient spécifi-
ques dans les maladies : c'étaient le quinquina, le soufre et le mercure,
sur lesquels il avait fait des expériences. Le quinquina, vous le savez à
merveille, c'était, c'est encore, au reste, le spécifique le plus sûr contre
la fièvre : il est parfaitement reconnu que le quinquina la coupe et la
guérit. Il expérimenta d'abord ce spécifique. Il était bien portant : avec
le quinquina, il se donna la fièvre. Il expérimenta le mercure : c'est un
spécifique, vous le savez, pour une certaine nature de maladie ; il en
prit, et il se donna au moins tous les signes extérieurs, toutes les douleurs et toutes les cuissons de cette maladie. Il expérimenta le soufre :
c'était le spécifique indiqué par toute la médecine, et de tout temps,
contre une maladie que je vous demande la permission de nommer, —
tout est honnête quand on parle de science, — contre la gale. Il prit
du soufre, et il se donna tous les signes extérieurs et tous les symptômes de la gale. Il chercha alors l'explication de ce mystère, de cette action latente qui agissait à l'intérieur, et cependant évidente, car elle se
produisait au dehors ; et alors il conclut de ces expériences et de mille
autres encore qu'il est inutile de dire, parce que je ne veux pas abuser
de vos moments, que le principe fondamental de la médecine qu'il avait
pratiqué jusque-là, *contraria contrariis*, était un principe vicieux ; qu'il
fallait lui en substituer un autre, établir école contre école, et mettre en
face de ces mots : *contraria contrariis*, ces mots tout opposés : *similia
similibus*.

Je le sais, ce mystère, dès les premiers temps, avait été confusément
entrevu ; mais il n'avait été qu'entrevu par l'ancienne médecine. Il
l'avait été par le père, le fondateur, le dieu de la médecine ancienne.
Hippocrate avait dit cette phrase : « *Le vomissement guérit par le vomissement.* »

Ainsi, le fondateur même de la médecine, celui qui, au milieu de toutes les erreurs quelquefois grossières de son temps, a pourtant parlé de
la sience avec une sagacité si merveilleuse, que ses sentences, encore
aujourd'hui, passent pour des oracles ; celui-là, tout en pratiquant le

principe fondamental de la médecine, *contraria contrariis*, avait confusément entrevu ce mystère d'un principe opposé. Plus tard, d'autres
médecins encore furent frappés de cette observation ; Stahl, par exemple,
dit:

« La règle admise en médecine de traiter les maladies par des remèdes
contraires ou opposés aux effets qu'elles produisent, est complètement
fausse et absurde. Je suis persuadé, au contraire, que les maladies cè-
dent aux agents qui déterminent une affection semblable. C'est ainsi
que j'ai réussi à faire disparaître une disposition aux aigreurs, par de
très-petites doses d'acide sulfurique, dans des cas où l'on avait inutile-
ment administré une multitude de poudres absorbantes. »

Savant médecin, membre de l'Académie de Lyon, le docteur Sainte-
Marie a dit : « Il est certain que nous guérissons quelquefois en agissant
dans le sens même de la nature, et en complétant par nos moyens l'effort
salutaire qu'elle a entrepris et qu'elle n'a pas la force d'achever. C'est
ainsi que Rivière, à l'époque où le quinquina n'était point connu, a guéri
des fièvres ataxiques, intermittentes, soporeuses, en donnant de l'opium
dans l'intervalle des accès. »

Il cite ensuite des diarrhées guéries par les drastiques, et des épilep-
sies guéries par un empirique, au moyen d'un remède qui donne de
violents accès d'épilepsie pendant 24 heures ; puis il continue :

« Il est impossible que ces faits ne soient que d'heureux hasards ; ils
se rattachent indubitablement à quelque *grande loi thérapeutique*, mais
que j'ai peut-être entrevue dans le principe ci-dessus établi, qui reste
encore à mieux déterminer que je ne l'ai pu faire. »

Ainsi, vous le voyez, le principe de cette médecine nouvelle qu'on est
convenu d'appeler la médecine homœopathique, de cette médecine si
curieusement cherchée, si laborieusement découverte par Hahnemann,
a déjà été entrevu par les fondateurs, par les adeptes les plus éminents
de la médecine ancienne. Le hasard, ce Dieu des sciences occultes, ce
grand Dieu de ceux qui n'ont pas de règles fixes, de principes arrêtés,
le hasard avait quelquefois amené dans leur pratique des résultats
inattendus, qui auraient dû leur servir d'avertissements. Ainsi, par
exemple, il y avait une maladie qui était un véritable fléau, et désolait,
il y a soixante ans, nos villes et nos campagnes ; c'était la variole qui
se signalait par des pustules qui couvraient le corps, et dont la guérison
était si difficile. Eh bien ! le hasard amena une découverte qui fit changer

toutes les traditions; on inocula la maladie que l'on redoutait, on la prit où elle était pour la porter où elle n'était pas; on aida ainsi la nature, comme disait le docteur Sainte–Marie, dans ses voies occultes, secrètes, avec courage, avec résolution, avec un courage et une résolution qui épouvantèrent tout le monde, car d'abord tout le monde protesta (et il y a encore des gens qui protestent aujourd'hui et ne veulent pas même se rendre à l'évidence) contre cette merveilleuse application du principe : *similia similibus*.

Que résultait-il de là ? C'est, je ne dirai pas que la médecine était à refaire, — il y avait de grands principes posés par d'illustres savants, par d'éminents praticiens, et qui ne pouvaient être mis en doute, — mais qu'il y avait certainement à refaire ce qu'on appelle la matière médicale de fond en comble. C'est à cela que, dans les loisirs de sa campagne, s'est curieusement, laborieusement, courageusement adonné Hahnemann. En effet, toutes les matières médicamenteuses, non-seulement celles que j'ai nommées tout-à-l'heure, celles qui sont innocentes et inoffensives, qui ne peuvent avoir qu'une action bonne et salutaire, mais les matières nécessairement mortelles, peu à peu, les unes après les autres, il les éprouva sur lui-même. Son expérience, il la poussa jusqu'à ses dernières limites ; il alla jusqu'à s'ingérer des poisons, jusqu'à se donner la rage. Et, au milieu de ses douleurs atroces, il écrivit des livres conservés encore aujourd'hui, que je pourrais faire passer sous vos yeux, et qui contiennent l'expérimentation la plus complète, la plus curieuse, la plus belle qu'on puisse imaginer. Jour par jour, heure par heure, minute par minute, il livra le résultat de son expérience ; il raconta toutes les phases du supplice qu'il s'imposait à lui-même ; et, d'un médicament à l'autre, il finit par renouveler toute la matière médicale.

Voilà comment il a fondé sa doctrine ; qu'elle soit bonne ou mauvaise, je ne la juge pas ; dans mon for intérieur, je ne me sens pas assez éclairé pour prononcer entre la doctrine ancienne et la doctrine nouvelle ; aveugle que je suis, je ne puis prédire les destinées réservées à l'une ou à l'autre ; et, dans ces questions de vie ou de mort, dans mon ame et conscience, je ne puis décider.

Tels sont les fondements de la doctrine d'Hahnemann. Voilà par quels travaux, par quels scrupules honorables, par quelle magnifique persistance, a été conquise, établie dans le monde, cette doctrine médicale qui a répandu tant d'éclat sur le nom de son fondateur, qui a fait, pour quelques uns, d'Hahnemann un véritable dieu auquel on devrait dresser des autels.

Mais, en attendant qu'on lui élève des autels, il subit le sort de tous les innovateurs, de tous les inventeurs. Ses succès, qui furent immenses, lui valurent des jalousies extrêmes, des persécutions de toute nature. On a dit, et nous ne sommes pas ici pour le démentir, que, parmi les jalousies qui divisent les professions rivales, il n'y en a pas de pires que celles des médecins : *Invidia medicorum pessima* ; on a eu raison de le dire.

Hahnemann fut donc traqué en Allemagne, partout où il alla porter sa doctrine, développer et appliquer ses principes. Il fut poursuivi, chassé ; il fut ainsi l'apôtre errant d'une doctrine à laquelle il avait foi. Il n'y a qu'un petit prince, et je le nomme, sa conduite lui fait honneur, — non pas que l'homœopathie soit bonne ou mauvaise , mais parce que la tolérance est toujours une bonne doctrine, — il n'y eut qu'un prince qui lui donna un asyle ; ce fut le duc d'Anhalt-Cœthen.

Hahnemann vécut dans cette obscure et tranquille principauté. De toutes parts, on vint l'y consulter. C'est là qu'il fonda sa doctrine, qu'il la répandit par des écrits multipliés, admirés de tout le monde.

Ici se place un fait important que je dois vous raconter.

Il y avait à Paris une femme; c'est celle que je suis chargé de défendre devant vous. — Tout, dans ce procès, est livré à l'appréciation souveraine des magistrats ; il n'y a pas de texte de loi qui les enchaîne ; ils doivent, en conséquence, savoir quelle est la femme à qui ils ont affaire. C'est ce devoir que j'accomplirai en aussi peu de mots qu'il me sera possible. — Cette femme était Mélanie d'Hervilly. Elle était née, je ne crains pas de le dire, même devant elle, avec des facultés éminentes et avec un esprit viril. Elle s'était livrée de très-bonne heure à des études sérieuses ; elle n'avait pas mis là toute sa joie, car elle prenait part aux amusements qui convenaient à son sexe, à son âge ; quoique sa famille fût dans l'opulence, par un noble orgueil elle voulut demander des ressources au travail, et elle aspirait à entrer dans ces voies nouvelles vers lesquelles l'entraînaient sa force, son courage, son instinct, son intelligence.

Toute jeune encore, elle s'était adonnée à la poésie, qu'elle cultiva, non sans succès. J'ai là une pièce d'elle, imprimée dans un temps où nous étions tous passionnés pour la gloire de la Grèce renaissante.

C'est dans une grande fête, à Paris, au milieu de l'éclat du plus grand luxe, qu'intervient une personne qui raconte les malheurs, les misères, la tyrannie, qui accablent le peuple grec. Elle rend compte ainsi de cette scène :

> On y voyait briller mille jeunes beautés ;
> Pour embellir encor les dons de la nature,
> L'art avait, à grands frais, composé leur parure ;
> De leurs légers habits, de leurs souples cheveux,
> Le caprice et la mode avaient formé les nœuds ;
> De Golconde surtout la stérile richesse
> Eclatait sur leurs fronts sans parer leur jeunesse.

Voilà les premiers essais de sa muse en 1825.

Sans abandonner la poésie, elle se livra à la peinture, l'étudia avec amour et y obtint les plus beaux succès. A une seule exposition elle mit huit tableaux, et elle reçut des médailles d'or de la main du roi. Entrée dans cette carrière qui faisait sa joie, son honneur et même sa fortune, elle voulait conserver sa liberté, elle renonçait au mariage; elle comprenait cependant qu'avec les agréments de sa personne, elle avait à bien prendre garde à la conduite qu'elle tiendrait, à se défendre des entraînements. Elle avait contracté parmi les amis de son père des attachements sérieux, graves, d'une telle nature, qu'ils étaient inattaquables. Ainsi, elle avait, en quelque sorte, été adoptée par M. Le Thière, l'auteur du tableau de la Mort des deux Brutus. Elle avait vécu dans sa famille avec sa femme. ses enfants, et était devenue son élève; en mourant, M. Le Thière lui avait confié ses petits enfants, par un testament dont voici un des articles :

« Je recommande particulièrement Charles et Litizia, enfants de mon fils Alexandre, à mademoiselle Mélanie d'Hervilly, et l'autorise à les recevoir chez elle si bon lui semble; enfin, à agir pour eux dans l'intérêt qu'elle leur a toujours montré. Cette, digne et respectable amie mérito tous égards par ses hautes qualités, son caractère distingué et la tendre et constante affection qu'elle m'a prouvée, ainsi qu'aux miens. Si elle avait besoin du don d'une somme pour son maintien, je n'hésiterais pas à la ranger au nombre de mes enfants et à la faire jouir des mêmes avantages; mais au contraire, parfaitement indépendante, elle veillera sur mes enfants : elle me l'a promis, elle me tiendra parole. »

Elle connut encore un homme dont vous savez le nom, M. Gohier, l'ancien directeur. M. Gohier la respecta autant qu'il est possible de respecter une femme. Vous allez voir dans quels termes, dans son testament, ce vieillard de près de 80 ans parle d'une femme de 20 à 25.

« Deux femmes, par leurs vertus, m'ont inspiré des sentiments qui tiennent de la vénération : celle qui a été la compagne de ma longue vie, et à laquelle je ne puis plus donner que des larmes; l'autre, mademoiselle Mélanie d'Hervilly, que j'aurais été glorieux de pouvoir adopter si je n'avais pas le bonheur d'être père, et à laquelle j'aurais offert ma main si mon âge et son amour pour les arts, seule passion qui la domine si heureusement, lui eussent permis de l'accepter..................... »

Enfin elle eut encore une amitié intime, celle de M. Andrieux. M. Andrieux avait châtié ses premiers vers, applaudi à ses premiers efforts; i lui envoya, à son tour, en 1833, les derniers vers échappés de sa plume : c'est une hymne à sainte Mélanie :

> O Sainte Mélanie,
> Soyez, soyez bénie !
> Vos miracles sont doux :
> Vous calmez la souffrance,
> Vous donnez l'espérance !
> Dieu même est avec vous.

> Dieu vous fit belle et bonne,
> Mon ange, mon recours.
> . . . .
> Soyez-moi secourable,
> D'un regard favorable
> Ranimez mes vieux jours !

Telle est la personne dont j'ai à vous entretenir, qui est assise sur les bancs de la police correctionnelle, que M. le procureur du Roi accuse, et dont il trouve la condamnation si simple et la cause si *terre-à-terre*.

Cependant, elle était tombée malade ; elle s'était livrée aveuglément, pieds et poings liés, comme nous tous, à cette médecine qui nous soigne honnêtement, qui nous guérit quelquefois ou nous laisse guérir, qui quelquefois nous tue ou nous laisse mourir. La médecine avait été im—puissante ; la maladie devenait chronique : mademoiselle d'Hervilly en était inquiète. Elle entendit parler d'Hahnemann ; elle se décida à faire le voyage, à l'aller trouver dans ce petit duché où il régnait. Elle se confia à lui.

Ce n'est pas une personne enthousiaste et passionnée. Je dois dire pourtant qu'elle fut frappée de la figure du vieillard, âgé alors de 78 ans. Elle se remit à ses soins, le connut, le pratiqua. Son intimité devint plus grande. Après sa guérisson, sa reconnaissance fut immense, et son respect pour lui était devenu en quelque sorte une religion.

Hahnemann était vieux ; il avait été marié. De son mariage contracté et dissous depuis bien des années, lui était restée une nombreuse famille. Il avait besoin d'un aide capable, et enfin cette femme, jeune encore, (elle avait 34 ans), épousa le vieillard de 78, et se consacra à lui. Y avait-il là une idée d'ambition, de fortune, un sentiment autre que celui de la reconnaissance, de la vénération ? Vous allez en juger. Elle exigea comme condition essentielle de ce mariage, que Hahnemann, qui pratiquait la médecine avec éclat, qui avait une grande clientèle, qui avait amassé quelque fortune, partageât jusqu'au dernier sou cette fortune entre tous

ses enfants. Malgré la loi du pays dont Hahnemann était citoyen, et qu
régissait leur mariage, elle déclara qu'elle ne voulait rien accepter de sa
fortune. Telle fut la clause principale du contrat. Ce qu'avait Hahne—
mann fut donc partagé entre ses enfants. Depuis elle s'est consacrée à
lui, complètement, avec un abandon, un respect, un dévouement qui
n'ont pas cessé un instant et qui ont quelque chose de touchant, d'admirable. Hahnemann vint en France avec elle ; elle l'y attira. La première
chose que fit la Faculté de Médecine de Paris, quand elle apprit que ce
doyen d'âge des médecins venait dans notre pays, ce fut de prier le ministre de l'instruction publique, de refuser à Hahnemann le droit d'exercer la médecine en France. Le ministre de l'instruction publique de cette
époque était M. Guizot. Avec la supériorité qui le caractérise, cet homme
d'Etat déclara que, sans se faire le juge de la doctrine homœopathique, il
était de son devoir de la laisser faire librement ses preuves en France
comme elle les avait faites ailleurs.

L'autorisation fut donnée. Hahnemann, cependant, vieillissait. Madame Hahnemann se dévoua à lui, ne le quitta pas. Elle était présente
à ce nombre immense de consultations qu'on venait demander à son
mari. C'est elle qui introduisait les malades. Autant qu'Hahnemann ,
elle écoutait leurs explications et en même temps les consultations du célèbre docteur. La plupart du temps elle les écrivait elle-même. La méde—
cine homœopathique se fait avec un soin que je n'ai pu m'empêcher d'ad-
mirer, quand, sans les lire, j'ai jeté les yeux sur ces notes. Le livre que j'ai
entre les mains est le douzième ; ce n'est pas, à beaucoup près , le dernier ; car ce volume, qui m'a été confié avec la promesse que j'ai faite vo-
lontairement, allant au devant même d'une recommandation inutile,
promesse de ne pas le lire, est un volume qui remonte assez loin. Il y a
là le secret de toutes les familles. J'ai admiré le scrupule avec lequel les
consultations sont consignées. La doctrine peut être mauvaise, mais on doit
reconnaître qu'elle est appliquée avec les scrupules les plus honorables.

Les consultations sont écrites dans ce livre, ou de la main de Hahnemann, ou de celle de sa femme ; le plus souvent de celle de sa femme. L'on y
voit l'indication minutieuse de tous les symptômes. Le médecin ne
confie pas ces détails à la mémoire ; il les dépose sur le papier. De sorte
que, quand le malade revient à quelques jours d'intervalle, le médecin possède la suite de sa maladie sans interruption, et ne peut, dans le
tumulte d'une grande pratique, la confondre avec une autre. Madame
Hahnemann écrivait, d'un côté, sous la dictée du malade ; de l'autre,
sous celle du médecin.

Pour les études de peinture, qu'elle avait faites avec tant de conscience
et de fruit, elle avait autrefois étudié l'anatomie. Il lui en restait des

notions qu'elle se hâta de compléter. Vous concevez comment un esprit de cette trempe, jeté dans ce milieu, partageant les travaux du docteur Hahnemann, devait s'y attacher avec curiosité, avec ardeur, avec amour. A moins d'être une bête, passez-moi le mot, la personne associée ainsi aux observations d'Hahnemann, ne le quittant pas, écrivant tour-à-tour et les symptômes des maladies, et les prescriptions du médecin, après avoir passé dix ans dans cette vie, devait prendre le plus grand intérêt à ces travaux, chercher à se former elle-même des convictions sur l'excellence, l'utilité de la science à la pratique de laquelle elle se trouvait associée.

Permettez-moi maintenant de vous dire aussi comment elle s'est conduite comme femme. Voici une lettre écrite du vivant même d'Hahnemann, par sa propre sœur, madame Aubertin, qui habite Stuttgard. Elle était venue à Paris pendant la vie d'Hahnemann. Voici dans quels termes elle écrivait à une de ses amies :

« La gloire et la vénération générale dont jouissent ces deux êtres si chers (le docteur et madame Hahnemann) m'ont donné une bien douce satisfaction. Depuis que je suis à Paris, il ne s'est pas passé un seul jour où je n'en ai eu des preuves réitérées : les adorateurs de l'art de mon frère arrivent de tous les pays du monde, tant pour étudier et répandre sa doctrine si bienfaisante, que pour faire la connaissance de mon frère et de ma belle-sœur. Un grand nombre de dispensaires pour la guérison des malades se trouvent à Saint-Pétersbourg, à Moscou, à Londres, en Italie, en Sicile, à Paris, en Allemagne et en Amérique, etc. etc. De toutes parts, on s'adresse à cet homme merveilleux ! Il ne serait pas possible de suffire à une telle besogne si son père céleste ne lui avait pas donné, en son épouse, une compagne qu'il a douée d'un esprit éminent, d'un attachement particulier pour toutes les sciences, principalement pour l'homœopathie, et le zèle qu'elle y met est couronné des plus brillants succès.

« J'admire ce zèle qui ne l'a pas laissée un seul instant à elle-même, et qui lui fait effectuer plus que dix autres médecins ne pourraient faire ! Elle est présente à toutes les consultations qui se font chez son mari, qu'elle soigne comme un ange. Outre cela, elle donne des consultations gratuites tous les jours de la semaine à beaucoup de pauvres malades, et ses guérisons sont étonnantes ; j'en suis profondément touchée, et mon cher frère en est rayonnant de joie. Si vous pouviez connaître cette belle emme, de haute et imposante taille, aux manières gracieuses, sur le visage de laquelle se peint l'amabilité de sa grande âme qui lui gagne tous les cœurs !........ »

F. AUBERTIN.

Hahnemann lui-même s'en explique dans une lettre écrite en allemand, adressée à un docteur médecin nommé Hirschfeld.

« ....

.... J'entre bientôt dans la quatre-vingt-neuvième année de ma vie si active ; je suis décidé à quitter mes occupations avant que la faiblesse de l'âge ne m'y force, et, avec la grâce de Dieu, je ferai paraître la 6ᵉ édition de mon *Organon*, qui sera encore plus complète que les autres. Donnez-moi l'espérance de vous voir encore avant que je quitte cette terre.

« Votre ami dévoué,
« Samuel Hahnemann.

« Paris, le 16 mars 1843.

« *Post—scriptum*. Ma chère épouse, qui me soigne de la manière la plus tendre, A ACQUIS UNE SI GRANDE CONNAISSANCE DE NOTRE SCIENCE, QU'ELLE Y EST DEVENUE MAITRE-PASSE. ELLE GUÉRIT CE QUE JE NE POURRAIS PAS MIEUX GUÉRIR. Elle est forte aussi en phrénologie, elle désire lire vos écrits. »

Ainsi, — que M. le Procureur du Roi en prenne note, je le comprends à merveille, — elle était là à côté d'Hahnemann. Le vieux docteur, cet homme blanchi et courbé par les travaux de la science, ne dédaignait pas quelquefois de la consulter, de suivre ses avis.

Vous connaissez la vie qu'elle menait, l'estime dont elle était entourée, les soins pieux dont jusqu'au tombeau elle a environné son mari.

Après la mort d'Hahnemann, elle reçut d'une société de médecins de Hongrie une lettre dont voici quelques passages :

« Madame,

« La Société des médecins homœopathes de la Hongrie, dans sa séance générale, a bien voulu me charger de vous exprimer la douleur vive et sincère qui les a frappés tous, sans exception, à la triste nouvelle de la mort du grand réformateur de la médecine. . . . .

. . . .

« Le temps n'a pas de pouvoir quand il est question d'un bienfaiteur de l'humanité, dont chaque jour renouvelle la gloire et augmente le nombre des disciples. . . . .

. . . . La Hongrie met sa gloire à avoir été une des premières entre les nations du monde civilisé qui ont favorisé les leçons de Hahnemann ; elle exprime publiquement ses regrets, et partage votre juste douleur.

« Recevez donc, Madame, avec bienveillance, l'expression sincère de nos regrets sur la perte irréparable d'un homme qui n'a vécu que pour le bien de l'humanité, et qui n'a employé ses talents que pour le perfectionnement de sa grande découverte.

« Recevez en même temps nos remerciments, non moins sincères, pour le dévoûment admirable avec lequel vous avez embelli le soir d'une vie si noble et si rayonnante de bienfaits, pour cet attachement touchant et fidèle avec lequel vous avez effacé le souvenir de l'amertume des jours passés. La postérité s'en souviendra avec reconnaissance, et votre nom sera attaché, pour toujours, au nom immortel d'un des plus grands bienfaiteurs de l'humanité. . . . .

. . . .

« docteur PAUL DE BÁLOGH. »

En même temps, une Académie d'Amérique, l'Académie de Pensylvanie, lui envoyait le diplôme de docteur en la médecine homœopathique.

Madame Hahnemann avait conservé les traces, en quelque sorte vivantes, fidèles, jour par jour, de tous les travaux du maître, et en avait la tradition la plus incontestable. Il en est résulté, il faut bien que je l'avoue, que tous ceux qui avaient été autrefois les clients de son mari se sont encore adressés à elle ; qu'on lui a demandé des avis, des conseils, la suite de cette tradition, dont elle avait, mieux que personne, pu recueillir le dépôt. Elle a longtemps repoussé cette confiance, elle l'a enfin acceptée ; nous allons savoir tout-à-l'heure dans quelles conditions ; elle a exigé l'assistance d'élèves de son mari. C'est ainsi qu'elle a consenti à donner une assistance que l'on réclamait de toutes parts. Elle l'a donnée toujours gratuitement. Je sais que ce n'est pas là une considération judiciaire, c'en est du moins une morale ; vous allez en avoir la preuve. Elle a mis dans cette conduite une persévérance que rien ne pouvait rompre ; rien, je me trompe : elle a été quelquefois rompue. On vous a rappelé l'affaire Broggi ; elle a soigné la femme du restaurateur Broggi, dont elle a incontestablement amélioré la situation. La famille le déclare : madame Broggi était atteinte d'un anévrisme au cœur. Un jour il se rompit, le médecin qu'on appela la trouva morte.

Pendant que cette dame recevait les conseils de madame Hahnemann, assistée de ses docteurs, un jour qu'elle était mieux, qu'elle croyait lui devoir la santé, être rappelée à la vie, elle alla chez madame Hahnemann, à laquelle elle n'avait jamais pu faire accepter une obole. Elle lui offrit une bague ; madame Hahnemann la refusa.... Je vous donne ces détails, parce que c'est une peinture de mœurs bonne à connaître : madame Hahnemann était assise; madame Broggi, — vous savez comme on adore les gens qui vous rendent la santé, — madame Broggi se mit à genoux devant elle; elle voulut lui passer la bague au doigt, madame Hahnemann résista. Madame Broggi lui dit alors : Serait-ce parce que je suis simplement la femme d'un restaurateur que vous me refusez? Et au même instant, elle lui fit lire cette inscription gravée sur la bague : *A mon bon ange*. Madame Hahnemann fut vaincue. Quant à la bague, je l'ai là; elle vaut 40 à 50 francs, peut-être plus, peut-être moins.

J'aurais pu faire entendre des témoins, mais j'ai cédé à une considération que j'ai trouvée dans une lettre qui m'a été écrite par une personne qui doit à madame Hahnemann de la reconnaissance; si j'avais accepté les témoignages de toutes les personnes qui me l'offraient avec joie et empressement, la salle des Pas-Perdus aurait à peine suffi pour les contenir; je me serais borné à appeler vingt-cinq témoins, c'aurait été beaucoup pour les instants précieux du tribunal, ce n'était rien pour madame Hahnemann. Vous ne sauriez vous faire une idée de toutes les lettres, de toutes les visites que j'ai reçues; les hommes les plus éminents dans l'armée, dans la magistrature, qui sont l'objet de notre vénération, et qui ont pour madame Hahnemann une sorte de culte, sont venus m'offrir leurs vœux, leurs témoignages; mon dossier est plein de ces lettres. J'en prendrai quelques unes, celles qui me paraissent avoir le plus d'importance.

Ainsi, madame la comtesse de Guéroult, née de Montesquiou, m'écrit

« J'apprends, Monsieur, avec un étonnement que je ne saurais exprimer, que madame Rahnemann, à laquelle je dois ma santé, celle d'êtres bien chers, est attaquée par l'Académie de Médecine; est-pour avoir fait trop de bien, et pour avoir suivi trop fidèlement les admirables enseignements de Hahnemann, dont la vie entière a été employée à faire du bien à ses semblables; croyez-le, Monsieur, il n'y a pas le plus léger prétexte dans l'attaque dirigée contre une femme qui, depuis qu'elle n'a plus son admirable guide, a toujours été accompagnée des médecins les plus fidèles à la doctrine homœopathique. . . . .
. . . .

« Les succès inouïs de madame Hahnemann, depuis la mort de son mari, sont la seule cause de l'animosité qui la poursuit. . . . .

« Comtesse de Guéroult, née de Montesquiou. »

Voici une lettre du marquis d'Habaunza, comte d'Hermosa, grand d'Espagne :

« Madame,

« J'ai appris avec peine les tracasseries injustes dont vous êtes l'objet.
Certes, par votre noble et généreuse manière d'agir vis-à-vis tous ceux
qui ont recours à votre obligeance, vous ne deviez pas vous attendre à
cela. Mais l'espèce humaine est composée d'ingrats sans compter les
égoïstes et les curieux qui, n'étant pas capables de faire du bien par
eux-mêmes, cherchent à dénaturer les plus pures et les plus nobles faits.

« Marquis d'HABAUNZA D'HERMOSA. »

Madame la comtesse de Rochefort écrit aussi :

« Merci pour le bonheur que vous m'avez donné de vous voir et les
douces paroles d'intérêt dont vous avez l'art céleste. Un instant de votre
sainte présence attache à vous pour la vie. Daignez venir vous courber à
mon lit de douleur : il est si doux de dire à un ange comme vous : Je
souffre !

« Je vous en supplie, ne me refusez pas la douce consolation de vous
voir plus souvent ; je vous porte une vénération si grande et si ineffable,
un culte d'admiration si digne de vous, que j'apprécie votre connaissance
comme une bénédiction du ciel. . . . .

« Comtesse de ROCHEFORT. »

Madame de Bonneville lui adresse cette lettre

« Mon mari m'a dit que madame Rolland vous avait lu le passage
d'une lettre dans laquelle j'exprimais pour vous toute ma reconnaissance ;
j'en suis confuse, madame ; car les termes que j'employais, comme tous
ceux que ma pensée me suggère, sont insuffisants pour exprimer l'admiration que j'ai vouée à votre talent, et les sentiments d'affection presque
filials que m'inspire votre bienveillance. Notre amie vous dira que, si
l'expression manque à mes lèvres, mon cœur n'en sent pas moins vivement les bontés que l'on a pour moi ; les vôtres, madame, sont des bienfaits.

« Louise de BONNEVILLE. »

Madame Zimmermann, femme que nous connaissons tous à Paris,
femme pleine de grâce, de bonté, d'honneur, dit dans une lettre :

« Madame,

« J'apprends les tribulations suscitées par la jalousie qui s'abrite derrière la légalité.

« Propager les généreuses traditions de l'illustre Hahnemann, faire de sa médecine une vertu, l'exercer avec philanthropie, c'était léser les intérêts de nos docteurs les plus famés qui font de leur science un but vénal.

« Voilà votre culpabilité, madame ; elle a soulevé la passion souvent puissante, hélas ! dans le mal qu'elle veut faire, surtout lorsqu'elle a pour adversaire la simple vérité qui ne triomphe qu'avec le temps.

« Soyez forte, madame, du bien que vous avez fait ; la calomnie et l'injustice ne vous atteindront jamais dans le cœur de tous ceux qui vous connaissent, que vous avez soulagés et qui vous conserveront un souvenir d'admiration et de reconnaissance.

« H. ZIMMERMAN. »

De toutes parts on s'est adressé à elle. De New—York, un médecin célèbre lui écrivait en lui envoyant une personne atteinte de surdité ; il lui disait :

« New—Yorck, 16 août 1844.

« .... S'il vous est possible, madame, de rendre l'ouïe à cette intéressante enfant, vous m'obligerez infiniment, ainsi que le docteur Hering, mon ami, qui vous écrit aussi ; et vous rendrez un service signalé à la divine homœopathie dans ce pays, M. Suffern étant un des hommes les plus influents de la ville de New-Yorck, et qui contribue de toutes ses forces à la régénération de la science médicale.

« Agréez, ma noble collègue, l'assurance de mon respect et de mon dévoûment.

« Charles HEMPEL. »

« J'ai, comme médecin consultant, donné mon avis pour mademoiselle Suffern ; je prends la plus grande part à sa cure, et je joins mes prières à celles de mon ami pour vous la recommander.

« Toujours et de cœur le vôtre.

« Constantin HERING. »

Cette lettre est écrite en allemand, car madame Hahnemann sait toutes les langues qui se parlent. Or, vous saurez que ce médecin Constantin Hering est un des plus grands homœopathes qui existent : c'est lui qui a introduit l'homœopathie dans le Nouveau-Monde et a été surnommé le *Hahnemann transatlantique.*

De New—York, un médecin encore lui adresse madame Duncan.

«INew-York, le 26 avril 1845.

« Chère Madame,

« Je vous présente mon estimable amie, madame Duncan, de cette ville. . . . . Veuillez la soigner, comme vous pouvez le faire, et être assurée de ma reconnaissance.

« Votre dévoué serviteur, etc.,

« Gérald D^e. Hull. »

En effet, madame Duncan était malade ; elle avait besoin de soins, elle avait été traitée en Amérique par l'homœopathie ; elle demanda à être traitée en France par l'homœopathie. Elle le fut par un médecin que vous avez entendu tout-à-l'heure ; elle réclama les conseils de celle à laquelle elle avait été adressée, qui l'avait accueillie comme une sœur. Elle obtint sa présence aux consultations, et elle m'écrit pour me dire ceci :

« Au mois de mai 1846, je tombai gravement malade d'une fièvre bilieuse et rhumatique pendant laquelle j'eus une pleurésie, j'envoyai chercher madame Hahnemann ; elle vint, accompagnée de M. le docteur Deleau, et ils me soignèrent ensemble ; *elle* m'a sauvé la vie, car ma confiance était en elle, je l'avoue ! Oui, c'était entre les mains de cette femme surprenante que j'avais risqué ma vie, et jamais on n'a vu de médecin plus prompt, plus énergique, plus tendre, plus dévoué, et, j'ose le dire, plus maître de son art que cette femme sublime.

« Et c'est elle qu'on attaque, elle qui est la divinité des pauvres.

« H. Duncan. »

Il y avait à Paris un médecin qu'on nommait M. Bonvalet, dont la femme était malade. C'était un médecin qui ne croyait pas à l'homœopathie. Il appela madame Hahnemann, non pas pour soigner sa femme comme médecin, mais pour venir au chevet de son lit donner des encouragements à la malade, et à lui, médecin, des conseils dont il serait juge, qu'il suivrait ou ne suivrait pas, mais enfin des conseils dont il croyait avoir besoin.

Voici ce qu'il lui écrivait :

« 17 décembre 1844.

« Madame,

« Ma femme manifestant le désir de recourir à vos soins, je me joins à elle pour vous prier de vouloir bien les lui donner.

« Agréez, Madame, etc.

« Docteur Bonvallet. »

Je vous ai dit, messieurs, que madame Hahnemann faisait la médecine gratuitement. En voilà mille preuves. Je tiens entre les mains des lettres qui ne sont pas faites pour la cause. Celle-ci est écrite par un homme dont vous connaissez tous le nom, dont, je ne crains pas de le dire, vous honorez tous le caractère : je veux parler du général Baudrand. Il avait été traité par le docteur Hahnemann assisté de sa femme. Dans ses visites il avait conçu pour elle une vive estime, et lui avait accordé toute sa confiance. Cette confiance est restée toujours la même ; vous ne pouvez le condamner en police correctionnelle. Que voulez-vous ? il avait été guéri, il croyait qu'il devait quelque chose à madame Hahnemann. Sans lui en parler, sans la consulter, en lui écrivant une lettre dans laquelle toute sa reconnaissance éclate, il lui avait envoyé un billet de mille francs.

Les médecins au nom desquels on nous poursuit ne font pas cela sans doute. Ce n'est pas que je les blâme ; ils exercent la médecine, ils veulent en vivre honorablement , ils ont parfaitement raison.

Voici la lettre du général :

« Paris, 30 mars 1844.

    « Madame,

« Par un désintéressement bien rare aujourd'hui, vous avez refusé de recevoir la somme de mille francs que je vous devais, comme prix des soins assidus et bienveillants que vous m'avez donnés pendant dix mois. Mais vous m'avez dit que vous recevriez quelque chose en faveur des pauvres auxquels vous prodiguez vos soins et vos remèdes.

« J'ai donc l'honneur de vous adresser ici un billet de 500 francs pour cette destination.

« Général Baudrand. »

En effet, pressée d'instances par le général, elle lui avait dit : Donnez-moi quelque chose pour cette destination.

Elle renvoya les 500 fr. Elle veut faire ses aumônes avec son argent ; elle ne veut pas , sous prétexte d'aumône, avoir l'air de recevoir des gratifications, des honoraires.

Le général Baudrand lui écrit quelques jours après :

« Paris, 6 avril 1844.

    « Madame ,

« J'ai été bien étonné de retrouver dans votre dernier billet les cinq cents francs que je vous avais envoyés pour les pauvres.

« Cependant, il n'est plus ici question de vous : je vous ai déjà témoigné mon admiration pour votre étonnant désintéressement ; mais, les pauvres ! il faut cependant que je pense à eux.

« Général Baudrand. »

Voilà comme le général Baudrand écrit à cette femme, dont la cause est si simple, qui est si facilement traînée sur les bancs de la police correctionnelle.

Pour vous montrer quelles étaient ses angoisses, je vous demande la permission de vous lire une autre lettre.

Vous avez entendu parler d'un artiste, M. Haumann, l'un des violonistes les plus distingués. Au mois de décembre 1845, il y a 18 mois par conséquent, M. Haumann était absent. Sa femme tomba dangereusement malade ; les médecins désespèrent de son état ; elle en désespérait elle-même. C'était pour elle un effroyable chagrin de penser qu'elle allait mourir, et en l'absence de son mari ; elle écrivait à madame Hahnemann la lettre que voici :

« 17 décembre 1845.

« Madame,

« Je vous appelle à moi comme un ange sauveur ; je vous supplie, venez me rendre la vie, je suis si malade ! Je sais par madame Musard que vous êtes tout ce qu'il y a de meilleur sur la terre, et je n'espère qu'en vous ! S'il m'était possible d'aller vous trouver, Madame, je ne me permettrais pas de vous appeler ; mais, impossible ! Vous avez peut-être entendu parler de mon mari, c'est M. Haumann, artiste. Il voyage en ce moment, et je suis doublement au désespoir, me trouvant seule. Croyez, Madame, que la reconnaissance de mon mari sera éternelle. Ah ! venez, venez, Madame, je vous en conjure !

« F. Haumann. »

Je vous demande s'il est possible d'écrire en meilleur style, dans le désordre d'une maladie que l'on croit mortelle. Quel plus sûr moyen d'arriver au cœur d'une femme !

Il ne fallait pas y aller, c'est vrai, on va vous le dire ; on pouvait bien y envoyer un médecin que madame Haumann ne connaissait pas. Mais était-ce bien le médecin que madame Haumann voyait en elle ? n'était-ce pas la femme à laquelle elle croyait tout pouvoir pour la sauver ? une fée dont la baguette, en la touchant, devait la rendre à la vie ? Il ne fallait pas y aller ! Nous reconnaissons tous, pourtant, le pouvoir de l'imagination sur l'esprit d'un malade.—Eh ! bien : c'est en moi qu'elle a mis sa confiance, ma vue va lui rendre la vie. Mais telle est la loi que nous fait la police correctionnelle : si madame Hahnemann se rend aux vœux de la pauvre malade, elle est indigne aux yeux de la loi, il faut qu'elle subisse une condamnation. Elle y a pourtant été, condamnez-la. Elle s'est fait accompagner d'un médecin, qui devait donner à madame Haumann les soins suivant son art, et, quant à elle, elle a été lui porter les consolations d'une femme à une autre femme. Elle a été, si le médecin était embarrassé sur un fait, sur une tradition, éclairer sa foi chancelante, lui dire comment, dans sa pensée, Hahnemann se serait conduit dans un cas pareil. Elle a bien fait d'y aller. Madame Haumann a été rappelée à la vie, et le lendemain elle écrivait cette lettre, dont je vous demande encore la permission de vous donner lecture :

« 19 décembre 1845. »

« Chère Madame Hahnemann,

« Mon bon ange, vous m'avez sauvée, je suis guérie, je ne puis vous dire ma joie et ma gratitude, etc.

« F. Haumann. »

Et alors, à chaque phrase, éclate l'expression de cette reconnaissance dont madame Hahnemann a conservé le témoignage avec bonheur, avec fierté.

Savez-vous, pendant que vous l'assignez en police correctionnelle, quelles sont ses préoccupations? Sans doute, elle met une grande importance à ce procès. Pour le suivre, elle néglige tout; elle vient chez son avocat, elle lui recommande la cause, non pas le succès, mais l'honneur de la cause. Elle lui recommande, avant tout, l'honneur de cette doctrine pour laquelle elle monterait sur l'échafaud. Pendant qu'elle se livre à tous ces soins, qu'elle vient me donner ses instructions, qu'elle me presse comme si j'étais son juge, qu'elle me confie ce qu'elle croit être les destinées d'un art qu'elle aime, hélas! me disait-elle, pendant ce temps une femme est là qui se désespère, qui sollicite ma présence. C'est madame Haumann, qui, sauvée une fois par les soins de l'art, mais selon elle par la vue de madame Hahnemann, la presse de nouveau, la sollicite. Madame Hahnemann ne peut pas aller la voir sous le coup de vos pouruites, et cependant, hier encore, M. Haumann lui écrivait cette lettre :

« 18 février 1847.

« Madame Haumann va de mal en pis; venez, venez, je vous en supplie; je n'espère plus qu'en vous qui, si souvent, l'avez tirée de ses horribles crises. Ne vous laissez pas arrêter par l'envie et de misérables chicanes de formalité, dans une question d'humanité. Nos médecins s'avouent vaincus, et veulent, comme moi, la parole du maître. Venez, venez donc, et gardez pour vous un droit qu'on ne peut pas vous ôter, celui de soulager ceux qui souffrent.

« Haumann. »

3

Voilà la lettre qu'elle a reçue, là, au seuil de l'audience, à côté de ce banc. Ah! je sais bien qu'il ne faut pas qu'elle réponde. Elle n'y doit pas aller. Cette crise, qui était mortelle il y a dix-huit mois, dont elle l'a sauvée, dont désespère le médecin, l'homme de l'art, l'homme qui a le droit de vie et de mort, cette crise, peut-être sa simple vue pourrait l'apaiser. Vous connaissez ce trésor d'imagination, qui fait que le malade est sauvé bien plus parce qu'il croit que parce qu'il sent, parce qu'il voit que parce qu'il éprouve. Si ce trésor d'imagination peut, en se répandant sur Mme Haumann, la sauver, il faut que madame Hahnemann lui refuse ce secours. La maison Haumann lui est interdite sous peine de police correctionnelle! Voilà ce qu'exige votre loi. Eh bien! il y a quelque chose de plus fort que tout : la loi ne peut pas vouloir ce qui est contraire à l'humanité; elle serait odieuse; elle ne l'est pas. Je vous déclare que, pour une ame généreuse, pour un cœur bien placé, pour un esprit supérieur, la loi, si elle existait entendue ainsi, serait une loi de tyrannie abominable, contre laquelle les honnêtes gens protesteraient, qu'ils n'exécuteraient pas. Ils seraient condamnés; ils se laisseraient condamner avec joie. En entendant ces cris de souffrance, cet appel à la charité qui vient de Dieu, tous, tant qu'ils sont, ils s'y rendraient au risque de se compromettre, de provoquer contre eux les sévérités de la justice.

Cependant, ces sévérités nous sont-elles dues? Telle est la question bien simple du procès, cela est vrai, la question terre-à-terre; mais c'est là aussi la question pour laquelle vous êtes juges souverains, souverains appréciateurs, de manière que de telles questions ne doivent jamais être présentées devant vous, nues, dépouillées de toutes les circonstances qui les accompagnent, qui peuvent en changer la nature, en modifier la portée, de toutes les circonstances qui font que toute situation s'aggrave ou s'explique.

Madame Hahnemann, pressée ainsi de toutes parts, à laquelle on vient demander des conseils, refuse longtemps, elle les croit pourtant utiles; car elle a foi en elle, elle se regarde comme un reflet du maître, comme sa tradition vivante, comme destinée à faire ce qu'il aurait fait lui-même, comme ayant l'œil plus sûr, la main plus exercée, la science, je ne dirai pas plus infaillible, mais plus saine que l'adepte qui n'a pas, comme elle, travaillé avec le maître, partagé tous ses travaux. Elle a foi en ses conseils, elle les croit salutaires; elle cède enfin aux obsessions, elle donne ses conseils; je ne dirai pas qu'elle les vend, jamais elle ne les a vendus. A-t-elle le droit de les donner, et comment s'y prend elle pour les donner? Non pas qu'elle veuille donner à la loi une entorse qu'elle serait heureuse de lui donner en circonstance pareille; non; mais parce que les besoins de sa situation l'exigent, elle se fait assister de médecins.

Elle ne peut pas, elle, se livrer aux soins de la consultation, comme un médecin qui en ferait sa pratique, son état. Et en conséquence, quand on vient lui demander de traiter quelqu'un, elle refuse cette mission ; elle comprend bien, non pas en vertu de la police correctionnelle ou de la loi de ventôse, qu'elle ne peut pas exercer elle-même la médecine, et elle répond à ces demandes : Adressez-vous aux médecins. Vous voulez un conseil de moi ? oui, j'ai un conseil à vous donner : Il y a deux hommes qui pratiquent l'homœopathie mieux que d'autres, parce qu'ils sont plus fidèles à la pure doctrine hahnemannienne. C'est d'abord M. Deleau. Qu'est-ce que M. Deleau ? C'est le fils du général Deleau ; il est médecin de la Faculté de Montpellier ; il exerce depuis vingt-huit ans à Paris. Jamais il n'a encouru aucun reproche ; c'est un homme parfaitement honorable. L'autre est M. Croserio. Celui-ci est plus vieux dans la pratique : chirurgien-major dans la garde impériale, il exerce la médecine depuis quarante ans bientôt. Il est président de la société hahnemannienne. Voilà les deux hommes, dit madame Hahnemann, que je vous recommande. Ils ont mieux, plus que les autres, la tradition du maître. Les autres ont mêlé à sa doctrine des pratiques étrangères, qui la changent, la dénaturent, la vicient. Ces deux-là ont conservé la loi du maître dans toute sa pureté ; en conséquence, je vous les recommande.

Voilà comme madame Hahnemann répondait à ceux qui lui demandaient des médecins.

Cependant, il y avait des cas graves, des questions douteuses, des malades qui avaient en elle une confiance tout-à-fait personnelle, et qui disaient : — J'accepte bien votre médecin, mais je désire que vous soyez là. Soyez ma garde, ma providence, mon bon ange, comme on lui écrivait. Je vous supplie de venir avec eux ; s'ils ont des doutes, éclairez-les. Et elle a dit : Je le veux bien. Elle y a été. Elle a entendu les doléances de chacun, les prescriptions du médecin ; et si le médecin a eu besoin d'un conseil, d'un avis, elle l'a donné.

Voilà ce qui s'est fait ; est-ce permis ? Et d'abord, est-ce vrai ?

J'ai encore là un nombre immense de lettres écrites à madame Hahnemann, ou à moi, dans lesquelles je trouve la preuve de l'intervention continuelle, de la présence nécessaire des médecins, de leur responsabilité.

Le comte de Gilly écrit :

« Madame,

« J'avais besoin de tenir d'une source certaine la nouvelle des poursuites qu'on dirige contre vous ; je ne pouvais pas croire que la bienfaisance fût justiciable de la police correctionnelle. . . . .

. . . .

. . . . Je ne sais, Madame, dans quelles dispositions d'esprit vous lais-sent ces tracasseries ; mais j'aime à penser que vous n'avez pas moins de confiance que vos amis dans la bonté de votre cause et dans la sagesse de vos juges, et que vous attendez sans peur comme sans reproches la sentence qui, si elle était contraire à la raison et à nos espérances, serait pour beaucoup un arrêt mortel.

« Le comte GILLY. »

M. Émilien Paccini écrit dans les mêmes termes :

« . . . . J'espérais presque être appelé comme témoin, puis j'ai réfléchi que si l'on citait tous ceux qui ont été guéris par vos soins, ou à qui vous avez sauvé quelque ami ou parent, la salle des pas perdus pourrait bien n'y pas suffire. Si j'ai jamais regretté de n'avoir pas qualité pour parler à des juges, c'est à coup sûr en cette circonstance ; car soyez certaine, Madame, que l'éloquence n'aurait pas manqué à celui, quelque infime que soit sa parole, qui vous doit la vie et la santé de son père, de sa mère, de sa sœur et de sa nièce. Au reste, Madame, la présence du docteur Deleau, associé à vos consultations, vous rend inattaquable au point de vue légal, et il est vraisemblable que nous vivons à une époque où l'on n'est pas condamné pour sauver la vie aux gens sans permission spéciale.

« EMILIEN PACINI. »

Voici une lettre qui m'est adressée par M. Musard :

« Il y a onze ans, j'ai failli succomber aux suites d'une longue et douloureuse maladie ; je tairai ici le nom des célèbres médecins allopathes qui m'abandonnèrent. C'est alors que je fus traité homéopathiquement par le grand Hahnemann, et depuis qu'il n'est plus, par madame Hah-nemann, assistée du docteur Deleau ; elle a consacré sa fortune et sa vie à la propagation de l'homéopathie. Héritière de la science de Hahnemann, elle est maintenant le meilleur médecin de son admirable doctrine ; avec un noble désintéressement, elle répand sur les pauvres les bienfaits de sa science et de sa fortune. Sa récompense est dans le bonheur qu'elle éprouve à les arracher à la maladie et à la misère ; aussi a-t-elle le res-pect et les bénédictions de tous.

« MUSARD. »

Madame Gayrard, la femme du statuaire, m'a fait l'honneur de n'écrire, à moi, qui ne suis pas connu d'elle, dans un de ces styles qui n'appartiennent qu'aux femmes :

« Je suis encore émue du service signalé qu'elle vient de nous rendre en ramenant à la vie notre fille, atteinte des maladies les plus dangereuses et les plus compliquées. Madame Hahnemann est restée dans les limites de la loi, étant toujours accompagnée des docteurs Deleau et Crozerio. »

C'est la conviction du malade ; que voulez-vous faire ? Elle le croit ; il faut lui laisser sa foi, se garder de la détruire ; car, voyez-vous, ici comme en toute autre chose, *c'est la foi qui sauve*. Belle parole, et surtout parole vraie !

Je continue :

« Mais, je dois le dire, c'est toujours d'elle qu'émane le médicament efficace ; on sent la main qui vous délivre ! Aussi, à qui ai-je recours dans les grandes circonstances? Qui vais-je implorer, après Dieu, quand j'ai un enfant en proie à une cruelle maladie? C'est madame Hahnemann! C'est vers elle que me pousse mon cœur de mère, et jamais mon espérance n'a été déçue.

« Eudoxie GAYRARD. »

Empêchez le malade qui lui baise la main, de lui rendre ce témoignage de reconnaissance; dites-lui que c'est la main de M. Crozerio qu'il doit baiser; je le veux bien *(On rit)*.

M. Henri Scheffer écrit :

« . . . .
« Depuis trente ans, je souffrais d'affreux maux de tête qui avaient complètement détruit ma santé, après avoir épuisé les moyens suggérés par les meilleurs médecins de Paris ; j'eus recours à Hahnemann; ce célèbre médecin étant lui-même déjà malade ne put me donner qu'un conseil ; je m'en trouvai si bien, qu'ayant appris que madame Hahnemann, assisté d'un médecin, continuait à recevoir chez elle quelques uns des clients de son mari, j'y retournai, et grâce aux conseils qu'elle voulut bien me donner comme à un ami, je recouvrai bientôt ma santé que tous ceux qui me connaissent croyaient perdue à jamais.

« H. SCHEFFER. »

M. Duprez, de l'Académie royale de musique ;

« Je puis attester ici que de tous les traitements que j'ai suivis pour les indispositions des organes vocaux, indispositions auxquelles, par état, je suis plus qu'un autre disposé, le traitement homéopathique m'a le mieux réussi. Madame Hahnemann a bien voulu m'accorder tout amicalement ses soins, encore ne l'a-t-elle fait qu'accompagnée du docteur Deleau. Je crois donc lui avoir trop de reconnaissance pour ne pas chercher, en cette occasion, à corroborer par des faits la conscience de son digne défenseur.

« G. DUPREZ. »

M. Samson, de la Comédie française :

« . . . . Je suis donc prêt à déclarer que vous êtes pour ma famille et pour moi, non un médecin, mais une amie dont les conseils et les soins désintéressés nous ont été d'un grand secours, et que lors de la couche d'Adèle, c'est M. Deleau qui a été son médecin, *conseillé par vous;* que le second enfant d'Adèle a été aussi soigné par M. Crozerio aidé de vos conseils. Quant à vos lumières et à votre capacité, à votre affection empressée pour nous, à votre dévouement pour les indigents que j'ai souvent rencontrés dans votre maison, venant implorer votre humanité et votre science, ce sont là des faits que je n'hésiterai point à proclamer, et qui, s'ils vous attiraient une condamnation judiciaire, vous donneraient des droits à l'estime de tous.

« SAMSON. »

La comtesse d'Elgin , femme de l'ancien ambassadeur à Constantinople :

« . . . . Je n'ai pas hésité, Madame, a m'adresser à vous, comme à une amie dont je ne craignais pas de lasser le dévouement sans bornes dans toutes les circonstances où les précieuses traditions de Hahnemann pouvaient m'être utiles, tant pour moi que pour mes enfants. Je ne comprends point comment on peut vouloir vous accuser quand il est bien connu que vos amis les médecins ne vous quittent jamais et assistent à toutes les consultations. Soyez persuadée qu'on ne saurait apprécier plus que je ne le fais tout ce que je dois à votre amitié désintéressée.

« Comtesse d'ELGIN , née OSWALD. »

Ainsi, le fait est établi par la correspondance que j'ai mise sous vos yeux ; correspondance émanée des personnes les plus honorables , les plus haut placées. Oui , madame Hahnemann a été au lit du malade , l'a reçu, lorsqu'on lui a déclaré que sa présence pouvait être salutaire, ses conseils utiles. Mais elle n'a jamais agi seule, d'elle-même ; c'est le médecin qui a agi.

M. l'avocat du Roi a dit : Cela est défendu par la loi. Je lui réponds que cela est impossible. Et à cet égard quelques exemples.

Nous aussi nous exerçons une profession privilégiée. Nous avons besoin d'un diplôme. De même qu'on n'a pas voulu confier la vie des hommes au premier intrigant venu , et qu'on a voulu faire passer par des épreuves celui à qui était confié le soin de la santé; de même on n'a pas voulu confier la fortune des familles au premier venu ; et c'est pour cela qu'on a exigé des garanties des hommes qui voulaient se livrer à notre profession. Je puis , seul, venir à cette barre. Un autre qui n'aurait pas mon diplôme , mon privilège , mon droit, ne pourrait pas s'y présenter pour défendre , soit l'honneur, soit la fortune, soit la vie d'un individu, d'une famille, etc.

Eh bien ! croyez-vous que moi , privilégié, porteur de diplôme, je ne puisse pas consulter un homme qui n'a ni privilège ni diplôme, mais qui est savant? Je vous avoue que je ne m'en fais pas faute.

Ainsi , si j'ai à plaider une question d'enregistrement, me sera-t-il défendu d'aller demander des conseils à l'un de ces hommes qui ont consacré leur vie à l'étude de cette législation spéciale ? Quoi ! si l'on sollicite de moi une consultation d'avocat dans une matière difficile , grave , je devrais renoncer à solliciter, à réclamer le concours de l'homme qui a des notions spéciales, qui a étudié profondément la matière ? Evidemment non. Eh bien ! il en est exactement de même du médecin. Par exemple, si, en passage à Paris, se trouve un médecin éminent d'une faculté étrangère, qui n'a pas le droit d'exercer ici, qui a un diplôme non valable, est-ce que je n'aurai pas le droit de l'appeler en consultation ? Sans doute, il ne sera responsable de rien, parce qu'il y aura à côté de lui un homme de l'art , ayant la faculté de sauver quand il le peut , de tuer quand il ne peut pas sauver. C'est lui qui a le droit absolu , aveugle. La justice ne peut rien, il prend la responsabilité de tout ; il examine, apprécie le conseil qu'il a demandé, il le suit ou le rejette.

Ainsi, lorsque le médecin, dont je vous ai montré la lettre, a appelé Madame Hahnemann au chevet du lit de sa femme, est-ce que vous pensez qu'il ne se réservait pas la responsabilité du traitement , la faculté de repousser un conseil qu'il n'aurait pas cru salutaire ?

Il faut que la responsabilité du conseil repose sur quelqu'un, et sérieusement. Voilà tout.

Mais pouvez-vous empêcher ce qui se passe tous les jours? Un médecin appelle des consultations, des avis ; il interroge les gens à diplôme comme lui. Mais, et ces détails sont pour chacun de vous des souvenirs, ne cherche-t-il pas encore à s'éclairer en recueillant les observations des plus humbles serviteurs de l'art? Ainsi, un médecin, si haut placé qu'il soit, quand il vient faire sa clinique au lit d'un mourant , n'écoute-t-il pas l'infirmier, ne l'interroge-t-il pas , ne le consulte-t-il pas même dans de certaines limites? Et si, par hasard, l'infirmier, sortant de son rôle passif, ne se bornant pas à dire : Le malade a eu la fièvre, il a dormi, son sommeil a été agité, etc., etc., venait à ajouter que, d'après ce qu'il a vu, il lui semblerait qu'une saignée pourrait être salutaire, est-ce qu'il manquerait à son devoir ? Le médecin est là qui pèse son avis, reçoit son conseil, le suit ou le rejette , et , dans tous les cas , prend sur lui seul la responsabilité du parti qu'il adopte.

Voilà comme les choses se passent; il faut seulement que intervention soit sérieuse, véritable. C'est pour cela que je vous ai dit que ce n'était pas là une question de droit étroit, mais une question d'appréciation, dont vous étiez juges souverains.

Je demande pardon à madame Hahnemann de l'exemple que je vais citer, mais est-ce que nous ne voyons pas tous les jours dans nos journaux : *Une somnambule, avec l'assistance d'un médecin de la faculté de Paris, donne des consultations.* Poursuivez-vous ceci? je ne le crois pas, car l'annonce est tous les jours répétée dans les feuilles publiques. Il y a impunité, parce qu'il y a intervention d'un médecin. Pourriez-vous poursuivre? Sans doute ; mais dans quel cas? Lorsque, appréciant les circonstances, vous jugeriez que le médecin n'intervient que pour la forme, qu'il est un mannequin, un homme de paille, qu'on ne met en avant que lorsque la police arrive, et qui disparaît lorsque la police n'est plus là. Alors vous jugeriez le fait, vous appliqueriez la loi. Mais, quand je vous présente deux médecins honorables, sérieux, ayant l'un vingt-huit, l'autre quarante ans de pratique, dignes à tous égards et capables d'assumer sur eux la responsabilité , pourriez-vous venir nous dire qu'ils ne sont, eux, que des hommes de paille? Cela me paraît impossible.

Il n'y a qu'un fait, le fait Broggi, sur lequel je demande à m'expliquer. Madame Broggi était malade , elle avait des crises, elle s'est adressée à madame Hahnemann. Celle-ci lui a indiqué M. Deleau. C'est ce médecin qui a été chargé du traitement de cette dame. Sans doute madame Hahnemann s'est trouvée présente lorsque madame Broggi racontait à Deleau ses souffrances , mais c'est M. Deleau qui soignait la malade.

Un incident est survenu. M. Deleau, a-t-on dit, n'avait pas été à Versailles, où se trouvait momentanément madame Hahnemann, et cependant c'est à Versailles que M. Broggi a envoyé un de ses garçons. Eh! bien, je dis, moi, que le garçon a parlé à M. Deleau, qu'il n'a pas parlé à madame Hahnemann, et, à cet égard, celle-ci donne le démenti le plus formel.

Le garçon a rapporté une consultation de M. Deleau et non pas de madame Hahnemann. Un des témoins qui a déposé ici de bonne foi, je n'en doute pas, a dit qu'il avait été, de la part de madame Broggi, porter une lettre à madame Hahnemann; que celle-ci avait lu la lettre avec attention, lui avait adressé deux ou trois questions, et lui avait donné les médicaments demandés.

La chose s'est passée cette fois comme elle se passe pour tous les médecins de la terre. Madame Hahnemann a fait ce que font tous les jours les aides, les étudiants attachés à la suite d'un médecin. On est venu chercher ce qui avait été préparé pour madame Broggi sur l'ordre de M. Deleau. On s'est présenté avec une lettre de madame Broggi; madame Hahnemann l'a lue avec attention, et a interrogé la personne qui la portait. Pourquoi? Par la raison toute simple que si, d'après la lettre ou dans les réponses qui étaient faites, elle eût aperçu un notable changement dans la situation de madame Broggi, elle eût reconnu que cette situation n'était pas la même qu'au moment où M. Deleau avait ordonné le médicament, il est incontestable que madame Hahnemann aurait pris sur elle de dire que M. Deleau n'y était pas, et qu'elle voyait, par la lettre et par les réponses, que la préparation du médicament ne répondait plus à la position actuelle du malade : on aurait attendu la présence du docteur pour parer à la difficulté.

C'est là le seul fait qui soit à relever à la charge de madame Hahnemann, et au sujet duquel l'on dise qu'elle aurait agi seule, de son plein gré, sans l'assistance d'un médecin. Vous pouvez l'apprécier, maintenant que je vous en ai donné l'explication la plus nette, la plus sincère.

Que reste-il de la cause? Une femme qui s'est concilié une partie du respect, de la reconnaissance qui environnaient son mari, qui est entourée des sollicitations que vous connaissez maintenant, qui a reçu, non pas pour la cause, mais bien antérieurement, les supplications que vous avez entendues, qui a eu l'honorable faiblesse de s'y rendre quelquefois ; mais il ne reste pas un de ces charlatans que vous êtes chargés de poursuivre, de condamner, qui fondent sur la crédulité publique leurs espérances de fortune.

Non, non, messieurs, bien loin de compter sur une fortune, madame Hahnemann passe gratuitement sa vie à écouter les doléances du malade, à charmer ses douleurs par sa parole plus que par ses conseils, par sa présence bien plus encore que par des médications qui ne sont pas les siennes. Elle répand partout autour d'elle la confiance, elle recueille de toutes parts des bénédictions ; elle soulage les misères , les souffrances. Voilà la femme qu'on vous dénonce et que vous auriez à condamner! Oh ! non, réservez les sévérités de la loi contre ces charlatans qui font de l'art de guérir métier et marchandise, contre ceux qui abusent de la crédulité publique, qui, ignorants et grossiers, sans qualités, sans facultés, sans droits , ordonnent des médicaments que tout le monde repousse, des prescriptions dont personne au monde ne voudrait accepter la responsabilité, qui portent le trouble dans les familles, le deuil dans les maisons. A ceux-là vos rigueurs, l'application de la loi ; mais contre madame Hahnemann, oh! ce serait une impiété dont la loi ne peut pas être responsable, et dont, j'en suis convaincu, vous ne voudrez jamais inquiéter vos consciences.

M. le Président. Madame Hahnemann, avez-vous quelques explications personnelles à ajouter à votre défense ?

Madame Hahnemann. Aucune, monsieur.

Réplique de M. le substitut du procureur du roi.

Messsieurs ,

L'ancienne médecine a été vivement attaquée. On vous a dit que tout était ténèbres, mensonges, dans la doctrine qui longtemps avait dominé le monde médical. Nous ne nous présentons pas, le Tribunal le comprend, comme le champion des doctrines médicales que madame Hahnemann veut renverser et remplacer par la science nouvelle. Il ne nous appartient pas d'intervenir dans un pareil débat. Nous dirons seulement que ces attaques, les plus vives que nous ayons jamais entendu diriger contre la médecine, nous ont paru empreintes d'une extrême exagération.

Après les dures paroles adressées à l'ancienne médecine, l'éloge de l'école nouvelle se plaçait naturellement dans la bouche du défenseur de madame Hahnemann. Cet éloge a été complet, et nous sommes persuadé que madame Hahnemann savait presque gré, au ministère public, de l'avoir traduite en police correctionnelle, puisque la poursuite lui donnait l'occasion de faire développer, par une voix éloquente, la doctrine qui a toutes ses affections.

Il est à regretter qu'on ait parlé de l'envie des médecins, qu'on les ait représentés comme acharnés à la persécution de toute vérité qui veut se produire. Le reproche était injuste ; car on a été obligé, de reconnaître que Hahnemann avait été fort bien accueilli en France, et qu'on l'avait autorisé à s'y servir d'un diplôme délivré par une académie étrangère. Il y a non pas basse envie, mais au contraire généreuse hospitalité. On accueille la lumière de quelque part qu'elle vienne.

Tous ces préliminaires vous ont été présentés avec cette habileté qui n'abandonne jamais le défensur de madame Hahnemann ; mais ce n'est pas là le procès. Nous en avons posé la véritable question, que nous avons examinée en termes très-brefs. C'est celle de savoir si, dans les faits du procès, tels qu'ils se précisent par les débats, par les déclarations de M. Deleau et de M. Croserio, et par les aveux de madame Hahnemann, vous n'avez pas la preuve du délit reproché à madame Hahnemann.

Madame Hahnemann exerce gratuitement la médecine. C'est une circonstance reconnue par la prévention ; mais il est certain, en point de droit, que cette circonstance n'empêche pas le délit d'exister. La loi a voulu, dans l'intérêt du malade, que qui que ce soit ne pût exercer la médecine, si d'avance il n'a donné à la société certaines garanties.

La défense va plus loin ; madame Hahnemann ne se serait livrée à aucun exercice de la médecine, ou du moins, les faits relevés à sa charge ne seraient pas de nature à rentrer dans les prévisions de la loi pénale. Cependant, il est résulté des déclarations des témoins que madame Hahnemann a donné seule des consultations à madame Broggi. Ainsi la dame Meunier affirme qu'à plusieurs reprises elle s'est rendue chez la dame Hahnemann avec la femme Broggi ; que, dans ces visites, madame Hahnemann était seule, sans être assistée des docteurs Deleau et Crozerio ; qu'elle a interrogé la dame Broggi sur les symptômes de la maladie dont elle venait se plaindre ; qu'après avoir étudié les symptômes, elle a prescrit les remèdes qui devaient apaiser les douleurs de madame Broggi. La dame Meunier n'est pas le seul témoin. Le sieur Broggi dépose dans le même sens, et cette déclaration, à défaut de celle de madame Broggi que nous ne pouvons interroger, ne peut laisser de doute sur la manière dont les faits se sont passés ; il affirme que sa femme, après ses visites chez la dame Hahnemann, lui aurait dit que celle-ci l'avait reçue seule et sans témoins.

M. Guillemot vous l'a dit également ; il a obtenu, dans les premiers instants, des renseignements de toutes les personnes qui s'étaient trouvées les intermédiaires entre la dame Broggi et madame Hahnemann, et toutes lui ont déclaré que la dame Hahnemann, lors des visites de la malade, n'était assistée d'aucun des deux docteurs. Ainsi, quel que soit l'attrait qui l'entraîne, si ce n'est le désir du gain que ce soit l'amour de la science, il est constant que c'est seule que madame Hahnemann se trouve en présence des malades, qu'elle donne des consultations, qu'elle prescrit des remèdes.

Le tribunal ne doit pas perdre de vue le voyage de Versailles: on dit que le docteur Deleau en était ; cette allégation n'est pas admissible. Comment croire que madame Hahnemann, allant passer quelques jours à Versailles, le docteur Deleau l'y ait suivie? D'ailleurs, le jeune homme envoyé par madame Broggi a déclaré à son maître que la seule personne qu'il eût vue à Versailles, c'était madame Hahnemann.

Madame Hahnemann (avec vivacité).— C'est faux.

M. le Président. On n'interrompt jamais l'avocat du Roi. Au reste, Madame, vous pouvez ne pas connaître ce qui se passe ici ordinairement.

M. le Procureur du roi. Ainsi voilà des faits précis qui constituent l'exercice de la médecine, et qui tombent sous l'application de la loi.

Pour qu'il y ait un exercice punissable de la médecine, aux termes de la loi, il n'est pas nécessaire qu'il y ait habitude. La loi interdit d'une manière absolue, à ceux qui n'ont pas le diplôme, de s'immiscer dans cet exercice. Nous avons, comme faits acquis au procès, des soins prolongés donnés à plusieurs reprises à la dame Broggi ; il est impossible que vous ne prononciez pas une condamnation contre madame Hahnemann.

Mais il y a plus, il est constant que la dame Hahnemann se livre habituellement à l'exercice de la médecine. En effet, qu'est-il résulté des déclarations faites au commissaire de police, par madame Hahnemann? Que chez elle se tenait un bureau de consultations tous les vendredis et tous les lundis, où l'on accueillait tous ceux qui se présentaient. Ce fait d'habitude répond à une des principales objections qui sont faites, et aux reproches de tyrannie que l'on a adressés à la loi, en vous faisant le tableau d'un malade à l'agonie qui sollicite en vain la présence de la personne qui, seule, peut le rappeler à la vie. La loi enchaînerait l'humanité ! Non, messieurs, ce n'est pas un fait ainsi isolé qui aurait ému les représentants de la loi ; ce ne sont pas les secours donnés à un parent, à un ami, qui eussent motivé des poursuites; mais ce qui appelait la répression de la loi, ce sont ces consultations se renouvelant deux fois par semaine, et ainsi, cette habitude soutenue de désobéir à la loi.

Madame Hahnemann se défend par la présence des docteurs Deleau et Cruserio. Quelle est leur position auprès d'elle? Cette position est complètement secondaire. Il faut bien que le Tribunal admette la réalité des faits ; et toute l'habileté, tout l'art de discussion d'un avocat, ne sauraient lui faire prendre le change. Ainsi, il est certain que les deux docteurs sont sur le second plan. Ils ont à côté d'eux une intelligence supérieure, dont ils reconnaissent toute la force, et à laquelle ils obéissent. Dès lors, le délit n'existe-t-il pas? N'est-ce pas une entorse, selon l'expression de l'avocat, que l'on a voulu donner à la loi? Le Tribunal ne peut admettre de semblables supercheries. Il doit aller au fond des faits. S'il a la conviction que les consultations ne sont pas sérieusement données par les docteurs, mais bien qu'elles le sont par madame Hahnemann, malgré la fraude que l'on a employée , afin de se. mettre à l'abri des atteintes de la loi, il devra prononcer une condamnation.

Pour établir que les docteurs ne sont là que comme accessoires, nous n'avons qu'à nous souvenir des lettres qui vous ont été lues par le défenseur lui-même. Il en résulte que c'est la dame Hahnemann qui, seule, inspire la confiance. Sans vouloir mettre en doute la science des docteurs Deleau et Crozerio , il est évident que ce ne sont pas eux, mais la dame Hahnemann , que l'on veut voir. Toutes les lettres sont conçues dans ce sens : « Venez près de moi , Madame, c'est vous qui pouvez me rendre la vie... », etc.

Si le général Baudrand a éprouvé toute l'efficacité des soins donnés par madame Hahnemann, à qui va-t-il adresser la rémunération qu'il croit devoir aux services rendus? Est-ce aux docteurs Deleau ou Crozerio ? Non. — A qui écrit-t-il sa lettre de remerciements? A madame Hahnemann. A qui envoie-t-il cette somme de 1,000 fr. qui est refusée par madame Hahnemann , et , plus tard , cette somme de 500 fr. , qu'il espère faire accepter pour les pauvres? A madame Hahnemann. Ainsi, dans la pensée de toutes les personnes en relation avec madame Hahnemann, les docteurs Deleau et Croserio sont oubliés, ils disparaissent ; ils sont , qu'ils me passent l'expression, des hommes de paille. La personne intelligente, supérieure, qui dirige tout , c'est madame Hahnemann ; les docteurs ne sont là que pour la couvrir. Si les faits sont tels, y a-t-il là un délit prévu par la loi ? Le Tribunal ne saurait en douter.

Examinons les moyens de défense invoqués. On fait des comparaisons, et l'on dit d'abord qu'il y a des sonnambules qui exercent la médecine avec la présence et sous l'autorité d'un médecin, et l'on nous demande pourquoi nous ne les poursuivons pas. Nous répondrons d'abord que nous pourrions les poursuivre et qu'ils seraient condamnés , si le Tribunal avait la preuve que c'est le somnambule qui interroge le malade, et indique les remèdes qui doivent servir à la guérison. Il y aurait là exercice de la médecine. Si on ne poursuit pas, c'est que les faits ne sont pas tels que nous venons de les énoncer, ou qu'ils n'ont pas été dénoncés à l'autorité judiciaire. Ce n'est pas le ministère public lui-même qui, par ses investigations propres, est arrivé à savoir que madame Hahnemann se livrait à l'exercice de la médecine, et qui a lancé contre elle une assignation en police correctionnelle. Le ministère public attendait une dénonciation spéciale, elle est venue. Elle est partie d'aussi haut que possible, du doyen de la Faculté de médecine de Paris. Le ministère public a donc dû poursuivre. Il ne poursuit pas le somnambule, parce que le fait ne lui est pas révélé comme entouré de circonstances qui peuvent constituer un délit. Voici la seule conséquence à tirer de sa conduite. Il n'y a pas d'analogie; et il est impossible, du silence du ministère public au sujet du somnambulisme, d'induire la preuve qu'il n'y a pas de délit de la part de madame Hahnemann.

On a comparé la position des docteurs assistants à celle d'un avocat qui demande des conseils à un tiers. Encore ici, l'analogie n'est pas exacte. L'avocat qui aura pris conseil s'assimilera la pensée qui lui aura été communiquée, se la rendra propre, en aura toute la responsabilité. Il n'en est pas de même des médecins agissant sous l'influence directe de madame Hahnemann. Serait-il possible qu'on vît dans le procès un acte de persécution contre madame Hahnemann? Il s'agit seulement de l'exécution de la loi, qui est égale pour tous; et alors même que la dame Hahnemann aurait des connaissances supérieures qu'elle voudrait employer dans l'intérêt de l'humanité, la loi est là qui veut être exécutée, et qui défend à qui que ce soit d'exercer la médecine sans un diplôme. Et pourquoi cette défense? C'est que sans elle le premier venu, ignorant dans l'art de guérir, pourrait arriver à inspirer une confiance dangereuse, et causerait des désordres que rien ne saurait réparer.

Nous admettons que madame Hahnemann possède toutes les connaissances possibles. La loi ne fait pas pour madame Hahnemann l'exception réclamée éloquemment dans la plaidoirie de son avocat. Il vous dit : Les charlatans, les intrigants, que le ministère public les poursuive à outrance, nous les lui abandonnons; mais une femme remplie d'humanité, dont les connaissances sont supérieures, qui peut rendre de grands services, faire avancer la science, oh! pour celle-là, laissez-la exercer la médecine dans l'intérêt de tous, dans l'intérêt de l'avenir! Eh bien! ce langage, on ne peut pas le tenir, parce que la loi est égale pour tous, et qu'une fois dans la voie du relâchement, l'on aboutirait à l'arbitraire. Que l'on dise un jour : Parce que cette femme est éminente, qu'elle exerce dans l'intérêt de l'humanité, qu'elle a atteint les limites de la science, il faut lui laisser pratiquer la médecine, et bientôt vous verrez surgir une foule d'individus n'ayant pas les mêmes connaissances et qui voudront cependant exercer la médecine malgré les prohibitions de la loi. L'exécution de la loi doit être stricte; c'est avec douleur, avec regret que, m'associant à la pensée du défenseur à l'égard d'une femme distinguée, je dis, avec l'inflexibilité de mon ministère, que la loi est formelle, qu'elle veut être obéie.

La défense elle-même vient à notre aide pour établir que les docteurs Deleau et Croserio ont réellement, auprès de madame Hahnemann, la position secondaire que nous signalons. En effet, plus on vantera madame Hahnemann, plus on montrera de clients ayant en elle une confiance vive, plus on étendra sa célébrité, plus on vous lira de lettres venues des pays les plus éloignés, plus, en un mot, on grandira madame Hahnemann, plus aussi, en réalité, on abaissera les deux docteurs. Le Tribunal a déjà constaté que ce ne sont pas eux qui dictent les consultations; il a pu voir à qui s'adressait la confiance des clients; les meilleurs juges sont ceux qui reçoivent les impressions, ceux qui sont en relation, tout à la fois, avec madame Hahnemann et avec les docteurs. Que disent sur ce point les témoins, les auteurs des lettres? Que c'est à madame Hahnemann qu'ils doivent la vie. Oui, *nous en avons pris note*, parce que c'est la preuve la plus énergique que cette confiance portait sur elle; qu'aux yeux des malades, c'est madame Hahnemann qui était l'esprit, la pensée, l'intelligence, l'ame de cette association, et que les docteurs Deleau et Crozerio n'étaient là que des instruments plus ou moins habiles sous sa main, mais dociles à toutes les impressions qu'ils recevaient d'elle.

Comment madame Hahnemann vous est-elle représentée par les docteurs? Ils sont en admiration devant elle; sa parole est pour eux la parole du maître. Lorsque madame Hahnemann a parlé, ils ne discutent plus, ils ne cherchent plus à savoir si madame Hahnemann a tort ou a raison; c'est la vérité qui s'est révélée par sa bouche. Ainsi, ils ont tous les deux déclaré que, lorsque des personnes venaient demander des consultations, ce n'étaient pas eux qui interrogeaient les malades, c'était madame Hahnemann; que c'était encore elle qui donnait les prescriptions. Ils étaient là, non dans leur intérêt personnel, mais dans l'intérêt de madame Hahnemann, afin de la couvrir contre les dispositions de la loi.

Mais on dit que l'on aurait pu avoir recours à un autre médecin. Quand des médecins s'assemblent pour donner une consultation, ils échangent entre eux leurs avis; il peut résulter de ce concours de lumières, de cette discussion savante, de grands avantages dans l'intérêt du malade. Là, toutes les personnes admises à la consultation sont des docteurs, tandis qu'ici, la personne qui exerce une influence décisive dans la consultation est la dame Hahnemann, et elle ne possède aucun titre pour pratiquer la médecine. M. Deleau nous a dit, en effet: J'écoute les conseils de madame Hahnemann comme si j'étais en consultation avec un de mes confrères. A ses yeux, qu'était cette dame, si ce n'est un autre médecin donnant des avis? N'est-ce pas là l'exercice constant de la médecine?

De ces seules observations, il résultera pour vous, Messieurs, la conviction bien ferme que madame Hahnemann est tout dans cette association, qu'elle dirige tout, qu'elle est l'unique pensée qui fait agir les docteurs; qu'ils sont là, je le répète, uniquement pour la couvrir de leur nom, de leur titre de médecin.

On est allé jusqu'à dire : Mais ils sont responsables; dès lors il n'y a pas de délit de la part de madame Hahnemann.

Pourriez-vous admettre, par exemple, qu'il n'y eût pas de délit de la part d'un individu, non pourvu de diplôme, qui se livrerait à l'exercice de la médecine, en ayant près de lui un médecin qui ne prendrait aucune part à l'examen des malades, aux consultations, et qui ne ferait autre chose que placer son nom à la suite des ordonnances? Il est évident que la loi ne se contente pas d'une responsabilité de ce genre. Elle veut que celui qui exerce réellement la médecine soit celui qui ait obtenu un diplôme.

Il y aurait, dans l'exemple que je viens de citer, exercice illégal de la médecine.

C'est par quelques considérations très-courtes que nous allons terminer. On se plaint beaucoup de la brutalité de la loi, de sa dureté. Nous avons déjà répondu en quelques mots à ce reproche; c'est que, et le défenseur le sent mieux que personne, il est impossible de faire une distinction, une exception. On ne peut placer la dame Hahnemann, quelque considération qu'on ait pour elle, dans une position toute spéciale, et faire un piédestal où elle se trouvera toute seule. Ce n'est pas possible. Quand on aura dit : Madame Hahnemann, parce qu'elle est la veuve d'un grand médecin, d'un homme auteur d'une invention nouvelle, peut exercer la médecine, quoiqu'elle n'ait pas de diplôme, la porte sera ouverte à toute espèce d'arbitraire. Il sera impossible, plus tard, de résister à ceux qui voudront, à leur tour, envahir le domaine exclusif du médecin. Le Tribunal ne peut donc admettre une semblable exception.

Nous allons faire un aveu. Si madame Hahnemann, une, deux fois, entraînée par l'affection, ou par la charité, se fût rendue au lit d'un malade, le ministère public n'eût pas poursuivi; il serait resté muet. Qu'est-ce qui a fait qu'il s'est ému ? C'est que, non-seulement il a vu des faits relatifs à une personne étrangère à la dame Hahnemann, mais encore l'habitude constante de se livrer à l'exercice de la médecine par des consultations périodiques. Ces circonstances ne permettaient pas l'inaction du ministère public: quelles que soient ses sympathies pour toutes les personnes qui se distinguent dans les lettres, dans les arts et dans les sciences, son devoir est de faire exécuter la loi. Qu'elle soit dure, sévère, il faut qu'elle soit exécutée.

Encore une observation, et ce sera la dernière ; elle paraîtra peut-être encore bien terre-à-terre ; c'est, il est vrai, le petit côté de la question, mais les tribunaux sont faits pour apprécier tout ce qu'une cause offre de points de vue élevés, et en même temps ce qu'elle présente de matériel. Nous ne sommes ici les représentants de personne ; nous ne prenons pas en main la défense du corps médical. On l'a vivement attaqué. Est-il aussi ignorant qu'on l'a dit ? Nous n'en croyons vraiment rien, et si nous ou les nôtres étaient malades, nous appellerions, avec toute confiance, un médecin ; il est d'ailleurs impossible de ne pas reconnaître que, parmi les hommes qui ont honoré la médecine, il en est de supérieurs, et qui auraient pris place au premier rang comme écrivains, lors même qu'ils n'auraient pas été de célèbres savants. Il faut donc accorder quelque réparation à la médecine ancienne, qu'on a vraiment trop critiquée. Toutefois, nous devons dire, quoique ce ne soit qu'un point de vue accessoire, que les médecins sont, en quelque sorte, en cause. — Qu'est-ce qu'un médecin? C'est un homme qui a consacré de longues années à l'étude, qui de plus a dépensé des sommes considérables pour arriver à obtenir le diplôme que la loi lui a délivré. En échange de ces efforts, de ces sacrifices, la loi lui donne le droit d'exercer la médecine comme un privilège, comme un monopole, je ne crains pas de le dire, quoique le mot ne soit guère en faveur. Mais ce monopole est justifié ici par l'intérêt de la société.

Quel est le résultat des faits imputés à madame Hahnemann ? le privilège que la loi assure aux médecins est violé ; madame Hahnemann appelle à elle une clientèle qui s'éloigne nécessairement des médecins vers lesquels elle devrait se diriger, et leur cause ainsi un tort réel. Ce côté matériel, petit de la question, doit aussi être pris en considération par le tribunal. Il n'est pas chargé seulement, en effet, de sauvegarder les intérêts généraux de la société, mais encore les intérêts privés qui ont un droit égal à sa protection. Les faits reprochés à Madame Hahnemann portent évidemment atteinte aux prérogatives accordées aux médecins, non pas gratuitement, mais en échange de longues études, de dépenses considérables imposées aux familles.

Telles sont les considérations dernières sous l'influence desquelles nous plaçons la poursuite que nous dirigeons contre madame Hahnemann.

Quant à l'exercice de la pharmacie, nous persistons dans les conclusions prises à cet égard. Madame Hahnemann a près d'elle le sieur Le Thière qui n'est pas pharmacien ; il est constant cependant qu'elle a délivré des remèdes. Qu'elle les ait vendus ou non, le fait tombe sous la prohibition de la loi.

Réplique de M⁰ Chaix d'Est-Ange.

M. l'avocat du Roi a noblement défendu le monopole médical. Toutefois, je ne crois pas avec lui que ce soit le moins du monde en faveur des médecins, pour soutenir leur monopole, qu'on leur a donné, sur notre santé et notre vie, un privilège qui tourne à leur profit. Je crois que ce privilège est fondé sur une toute autre considération. Ce n'est pas dans leur intérêt que la loi a stipulé, c'est dans l'intérêt de tout le monde; c'est pour donner à tous et à chacun les garanties de la science. Ce principe est très-salutaire. Seulement, en reconnaissant la sagesse de la disposition de la loi, je me demande s'il est nécessaire qu'elle soit appliquée dans l'espèce; et, sans accuser la loi de brutalité, en la défendant, au contraire, de ce reproche non fondé, je demande qu'elle soit entendue avec intelligence, appliquée avec modération. Je ne veux pas pour madame Hahnemann une exception particulière; je ne veux pas qu'au milieu de cette foule de charlatans dont le Tribunal fait sévèrement justice, elle soit retirée par une exception, pour être placée sur un piédestal. Non, quelles que soient les circonstances favorables qui l'entourent, et auxquelles l'impartialité du ministère public s'est empressé de rendre hommage, encore une fois je ne veux pas d'exception; mais je demande que la loi soit interprétée dans son sens raisonnable et non brutal; et c'est pourquoi j'ai dit que, dans le procès, il n'y avait pas une question de personnes; quels que soient mes sentiments pour madame Hahnemann, elle ne me permettrait pas elle-même de réclamer pour sa cause cette importance; mais j'ai dit qu'il y avait une question de principe sur laquelle j'appelle toute l'attention du Tribunal, une des questions les plus graves dont vous puissiez être saisis.

Voici cette question de principe :

Est-il possible qu'une personne étrangère à l'art de guérir, par sa vie, par ses études, par ses mœurs, par son sexe, puisse être cependant appelée dans une consultation médicale? Telle est la question que je dois examiner.

Il est, dit-on, quoique je n'en sache rien, dans le monde, des hommes qui, sans aucune étude de l'anatomie, ne connaissant pas la structure du corps humain, se sont appliqués à certaines opérations chirurgicales.

Vous trouverez, assure-t-on, dans quelque coin de Paris, un homme d'un état manuel et grossier, habitué aux travaux du corps et non pas de l'intelligence, un maréchal-ferrant, par exemple, qui se sera appliqué à remettre certaines entorses, à guérir certaines blessures. Que cet homme les guérisse souverainement, radicalement, sans qu'on puisse le contester ; peu importe, la guérison doit lui être défendue, la prescription de la loi est formelle. On aura beau être entouré du cortège de ses voisins, de ses clients, de tous ceux qui croient vous devoir de la reconnaissance ; la loi est insensible, inexorable : elle doit punir. On ne peut pas faire d'exception, et si celui qui est venu au monde pour nous racheter redescendait encore aujourd'hui sur la terre, marchant dans sa lumière, dans sa gloire, redressant les infirmes, donnant de la force aux faibles, disant à l'aveugle : Regarde et vois ; au paralytique : Lève-toi et marche ; à Lazare : Sors de ton tombeau, il devrait être traîné ici et condamné. La force de sa parole, le respect qui l'environne, la foi qui rayonne autour de lui, tout cela serait vain et comme non avenu ; il n'y aurait pas d'exception possible. Je l'accorde : devant ce qu'il y a de plus élevé comme ce qu'il y a de plus infime, la loi est une.

Mais si le médecin habile, distingué, le chirurgien consommé se dit : Oui, quand il faudra descendre dans les profondeurs du corps humain, interroger les viscères, mettre les organes à nu, aller à une ligne de la vie ou à une ligne de la mort, ma main est sûre, mon œil exercé, mon bras ne tremble pas, je remettrai la vie là où règne la mort. Mais il y a des opérations sur lesquelles je n'ai pas la main aussi exercée, opérations matérielles, grossières, qui dépendent d'une certaine dextérité de la main, qu'un homme ignorant sait faire, qu'il n'a pas le droit de faire. Eh bien ! alors je l'appelle, je le demande, non pas pour venir me prêter sa main, mais pour venir m'éclairer, moi savant, de son expérience d'ignorant. Je fais venir le maréchal-ferrant, et il vient, sur l'invitation de Dupuytren, de Velpeau ou de telle autre célébrité. Il assiste à l'opération, il dit comment il faut s'y prendre, il indique sa manière : on la suit ou on ne la suit pas. Et vous diriez de celui-là aussi que c'est un charlatan, qu'il faut le condamner ! Ce n'est pas ainsi que j'entends la loi. Je la veux prudente, sage comme elle l'est. Vous ne défendez pas la loi en lui prêtant une interprétation rigoureuse, aveugle ; c'est moi qui la défends en lui donnant une intelligence dont elle manque, suivant nous.

Mais je dis : ce que l'homme sacré, l'homme-dieu n'aurait pas le droit de faire seul, sous peine d'être condamné, comme il l'a été, et d'avoir l'affront de la police correctionnelle, s'il n'a pas l'affliction de la croix : chacun a le droit de le faire, appelé par un autre, quand on lui demande, non pas sa participation, mais son conseil; et quant à moi, je vous déclare que s'il y avait au monde une personne, dix personnes, qui, croyant, par exemple, que j'ai assisté avec fruit au chevet d'un ami, d'un parent mourant, que j'ai épié mieux que qui que ce soit les progrès du mal, que j'ai tenu compte de tous les détails jour par jour, heure par heure, minute par minute, que j'ai compté les soupirs, suivi avec un intérêt éclairé toutes les phases de la maladie ; si, dis-je, ces dix personnes m'appelant à leur chevet et me disant : Vous avez de cette maladie une triste expérience ; venez, de vos notes prises dans la dernière maladie de votre mère, de votre ami, de votre fille, aider les lumières, la science de mon médecin ; je me dirais, ces personnes se trompent, mon expérience n'est rien. Le médecin a eu le malheur d'avoir là-dessus une expérience plus répétée, plus éclairée. Mais si l'on insistait et que l'on me dit: Votre vue me fera du bien; alors je dirais que la foi sauve plus que la médecine, et j'irais. Je n'exercerais pas l'art de guérir, je ne demanderais pas de salaire ; si pauvre que je fusse, je lui apporterais un peu d'argent, un peu de nourriture, des médicaments utiles que j'achèterais exprès. Voilà ce que je ferais; ce serait là une bonne action, et je ne tomberais pas sous l'application de la loi.

Voilà ce que fait madame Hahnemann. Moralement vous lui rendez justice avec de nobles, d'impartiales paroles ; car, désarmé par tout ce qu'il a vu, le ministère public a été le premier à proclamer qu'il ne s'agissait pas ici d'un de ces charlatans vulgaires, qui font métier et marchandise d'un art qu'ils ne savent pas. Dans cette occasion, messieurs, soyez heureux si, vis-à-vis d'une pareille femme aussi bonne, aussi élevée, aussi distinguée, la loi vous permet de ne pas placer la police correctionnelle comme la récompense nécessaire, la fin inévitable de travaux magnifiques, d'une charité à laquelle, tout les premiers, vous rendez justice.

La manière d'interpréter sainement la loi, c'est de l'entendre bonne, humaine, intelligente, comme elle est en effet.

Maintenant que nous sommes tous dans les mêmes sentiments, que nous ne voulons faire, ni les uns ni les autres, à madame Hahnemann, un piédestal au profit de la médecine homœopathique, contre la médecine ordinaire, et qu'il est également entendu que nous ne réclamons pas en sa faveur d'exception à la loi, poursuivons l'accusation.

Madame Hahnemann a assisté à toutes les consultations, donné son avis, je le veux bien, aux médecins qui en ont fait ce qu'ils ont voulu ; à M. Deleau, qui a vingt-huit ans de pratique ; à M. Crozerio, qui a un grand état à Paris, et quarante ans d'exercice. Et d'abord, sont-ce là des hommes de paille?Vous ne le croyez pas; vous êtes parfaitement convaincus du contraire. Ce sont des hommes sérieux, de bonne foi. Ils ont confiance dans madame Hahnemann ; ils croient qu'elle en sait quelquefois plus qu'eux-mêmes, et que la tradition qui vit en elle peut les éclairer. Ils le croient, mon Dieu, comme les malades le croient. Voyez, dit-on, la position inférieure qu'ils ont, le rôle subalterne qu'ils jouent, même dans les lettres que j'ai lues, parce qu'à côté d'eux il y a un esprit supérieur qui les domine, qui les absorbe.

Il ne faut pas pourtant, messieurs, prendre au pied de la lettre ces expressions de reconnaissance. Il n'y a pas le moindre doute, les malades qui aspirent à la santé, croient qu'elle leur vient par madame Hahnemann, par son regard; ils seraient tentés de dire avec Andrieux : *Que la main qui les touche, c'est la main qui les sauve.* Ils le disent même. Madame Gayrard l'écrit.......

Voilà la malade qui parle, pleine de confiance, de reconnaissance. *On sent la main qui nous délivre.* Mais le médecin qui est là, ne cède pas à cet entraînement, il sait que la responsabilité pèse sur lui. Ainsi, le médecin est là avec son diplôme, son privilège, son droit de sauver, de tuer ; le vœu de la loi est accompli ; et, je le dis bien haut, je respecte la médecine. A la première inquiétude, au premier danger, je suis prêt à l'invoquer pour moi, pour les miens ; seulement elle a tort de nous faire ce procès..... Mais, au nom du ciel, ne répétez pas, cela n'est pas vrai, que j'ai dit du mal d'elle ; j'en aurais trop peur (*On rit*).

Eh bien ! moi, homme de science et de diplôme, j'ai le droit de chercher la lumière partout où j'espère la rencontrer. Je vais chez le pharmacien, j'interroge la garde malade, la sœur de charité ; je leur dis : Vous connaissez peut-être mieux que les médecins les signes précurseurs de la mort. Avez-vous remarqué dans les agitations du malade, dans son souffle, quelque chose qui m'intéresse ? J'ai le droit d'appeler le rebouteur, comme j'ai le droit d'interroger la sœur de charité et le pharmacien. Seulement, rien ne doit être exécuté sans mon assentiment. Dès lors le rebouteur est innocent, comme le pharmacien, comme la sœur de charité, parce que ce ne sont pas eux que voit la loi ; elle voit le savant, le docteur, qui est là, qui prend sur lui la responsabilité du conseil qu'il demande, qu'il reçoit, qu'il exécute s'il veut.

Il y a l'affaire Broggi, où Madame Hahnemann aurait agi seule; et un cas unique suffit, selon M. l'avocat du roi. Je lui en demande pardon, mais il me semble qu'il y a quelque contradiction dans ses paroles. D'abord il nous dit : Il suffit d'un cas, un cas prouvé; Madame Hahnemann est perdue, condamnée; et puis ailleurs il ne peut, dans son impartialité, s'empêcher de s'écrier : Ah ! s'il n'y avait contre Madame Hahnemann que deux, trois, quatre faits, je n'en dirais rien du tout.

M. *l'Avocat du roi.* J'ai fait la distinction entre l'ami et l'étranger.

M⁰ *Chaix d'Est-Ange.* Ce n'étaient pas des étrangers qui écrivaient : *A mon ange.*

Ah ! vous avez raison, une seule fois ne suffit pas, ou nous serions tous coupables. Cet homme qui tombait sous les pieds de ses chevaux, dont il n'était pas le maître, n'était pas l'ami de celui qu'il conduisait, de celui qui, oubliant sa grandeur pour remplir un devoir d'humanité, descendit de sa voiture et accourut à son secours ; qui, sans attendre l'avis des gens de l'art, souleva le postillon, s'inclina devant lui, et, le saignant de sa main royale, lui sauva ainsi la vie. Il n'était pas coupable. Quant à moi je l'absous ; je suis convaincu que la loi ne le condamne pas , parce qu'elle est intelligente et qu'elle doit être humainement entendue. Ce n'est donc pas sur un seul cas que nous pouvons être condamné.

Serrons l'affaire Broggi de plus près. Il y a trois témoins. L'un d'eux, c'est M. Guillemot, le médecin aux enterrements, très-respectable docteur, chargé par le maire de l'arrondissement de c onstater les décès. I a constaté le décès d'une femme morte sans le secours de madame Hahnemann. Elle était morte d'un anévrisme au cœur, d'un de ces accidents qui emportent une vie qui ne peut plus se défendre. Qu'est-ce que M. Guillemot a à faire là ? Il n'est pas témoin dans l'affaire.

Quant à M. Broggi, je serais désolé de dire au ministère public qu'il se trompe. Cependant, l'un de nous deux se trompe. Je n'ai pas vu dans la déclaration de ce témoin que sa femme lui eût dit qu'elle avait consulté madame Hahnemann seule. Cependant, M. l'avocat du Roi est un magistrat si exact, que je me défie de mes souvenirs. J'ai vérifié, et je n'ai pas su voir ce qu'il a vu dans la déclaration de Broggi. Ce témoignage doit donc disparaître. Reste la déclaration de madame Meunier. Je la prends pour parfaitement sincère, quoiqu'elle émane d'un témoin unique. Le ministère public dit que ce témoin a été plusieurs fois chez madame Hahnemann ; madame Meunier a dit une fois, c'est lorsqu'elle lui apporta une lettre de madame Broggi ; madame Hahnemann lui aurait dit : Emportez ceci ; c'était, madame Hahnemann l'affirme, le médicament préparé qu'elle lui remettait en ce moment.

Ce ne serait donc qu'une fois, et dans les circonstances que vous savez ; c'est-à-dire qu'il n'y a pas de servante de curé à la campagne, de valet de chambre, de domestique de docteur à la ville, qui n'en fasse tous les jours autant. Ce n'est rien, absolument rien.

Quant à ce qui s'est passé à Versailles, madame Hahnemann donne le démenti le plus formel à ce qui a été dit. Or, elle est incapable de mensonge ; elle déclare qu'à Versailles elle n'a vu, quant à elle, qui que ce soit venir de la part de madame Broggi.

Pour le garçon de Broggi, il n'a pas été entendu.

Reste l'infraction relative à la pharmacie. Hélas ! c'est bien cruel une loi faite de cette façon, que l'on ne puisse donner à un malade les médicaments les plus inoffensifs, les plus simples. Dans ce temps de détresse où nous vivons, si, habitant la campagne, je pouvais avoir chez moi, non pas ces médicaments qui jettent le trouble dans l'organisme humain, mais les médicaments les plus simples, ce que les herboristes ont dans leur boutique, je serais heureux de pouvoir les donner à ceux qui en auraient besoin. Je me sens tout-à-fait en disposition de me rendre coupable sur ce point. Oui, si j'habitais la campagne, je serais le plus heureux du monde, si je pouvais distribuer ces médicaments. La loi est faite pourtant de manière que je ne le pourrais pas.

Mais madame Hahnemann s'est mise d'accord avec la loi. Elle avait, en effet, à côté d'elle, un pharmacien qui délivrait les médicaments sur l'ordonnance du médecin. Ce pharmacien, dit-on, n'est pas pharmacien. Il a le diplôme de pharmacien, et, par conséquent, le droit, le privilège de faire des médicaments ; mais il n'a pas d'officine ouverte, il n'a pas fait la déclaration à l'autorité compétente. Le jour où M. Le Thière (c'est l'enfant adoptif de madame Hahnemann ; il lui a été confié par son grand-père mourant), le jour où il voudra vendre des drogues, il devra s'adresser à la police, faire sa déclaration, formalité préalable, qu'il est nécessaire de remplir.

Mais, voyons, quand il voudra se faire un julep pour lui, pour sa consommation personnelle, il en a le droit, c'est incontestable. Quand il en voudra faire pour son ami, le lui donner gratuitement, vous n'avez rien à lui dire encore. Mais si vous pouvez prouver que Le Thière, sans avoir fait sa déclaration à la police, sans avoir d'officine ouverte, a vendu des médicaments, il faudra poursuivre, condamner ; mais qui donc ? non pas madame Hahnemann, mais M. Le Thière. Ce n'est pas que je veuille le dénoncer au ministère public, non plus que les somnambules dont j'ai parlé ; moi qui n'ai pas l'honneur d'être doyen de Faculté, je ne suis dans la nécessité de dénoncer personne, et je m'en applaudis.

Mais, enfin, si vous trouvez innocents les somnambules qui figurent à la quatrième page des journaux avec l'assistance d'un docteur, à plus forte raison devrais-je me croire à l'abri de vos poursuites, moi qui ne vends pas de consultations, qui vais seulement au lit des gens qui m'implorent. Si vous me trouvez coupable, il est étonnant que, depuis long-

temps, vous n'ayez pas poursuivi les faits, à tous égards moins intéres--
sants, que je viens de rappeler.

Voilà à quoi se borne ma réplique ; je m'en rapporte à votre sagesse,
à vos lumières, à la saine interprétation de la loi.

M. le Président. A huitaine pour le jugement.

Jugement.

« Le Tribunal, etc.,

« Attendu que les lois et ordonnances qui règlent l'exercice de la médecine et de la pharmacie sont fondées sur des considérations d'ordre public et d'intérêt général qui rendent indispensable leur rigoureuse observation ;

« Attendu qu'en présence de ces lois et ordonnances ni la gratuité alléguée des soins donnés, ni celle des médicaments fournis, ne peuvent en suspendre ou en modifier l'application ;

« Attendu que de l'instruction et des débats il résulte que la dame veuve Hahnemann a exercé l'art de guérir ; qu'il est constant que deux jours par semaine sont consacrés à des consultations dans son domicile, et qu'elle se livre à la pratique en ville ;

« Que, vainement, on oppose à la prévention cette circonstance que deux médecins sont appelés à assister la dame Hahnemann ; qu'en effet, il résulte des déclarations reçues à l'audience, tant de la part des dits médecins que de la dame Hahnemann elle-même, et qu'il est complètement établi par la correspondance qu'elle a produite à l'audience, que les médecins sont entièrement subordonnés à la dame Hahnemann, dont ils reçoivent les conseils et les prescriptions, et que c'est en réalité elle seule qui dirige les consultations et la pratique en ville ;

« Qu'en cet état, et en admettant la présence de ces médecins, il y aurait toujours une fraude faite à la loi ; mais qu'il est constant pour le Tribunal que cette présence, toute inefficace et toute fictive qu'elle soit au point de vue médical, n'a pas existé en réalité, et que la dame Hahnemann a seule, et sans aucune assistance, fait des prescriptions et ordonné des médicaments ;

« Attendu que le diplôme de docteur en médecine homœopathique à elle délivré par une académie étrangère, ne peut, à défaut d'autorisation régulière en France, être d'aucune considération ;

« Attendu qu'il résulte des mêmes documents, qu'elle a distribué personnellement des médicaments ; que les constatations faites à son domicile suivant procès-verbal du 24 décembre 1846, établissent que ces médicaments étaient déposés dans le cabinet particulier de madame Hahnemann, et non dans un laboratoire servant aux préparations de Le Thière fils, pharmacien ;

« Qu'en effet, le prétendu laboratoire était dépourvu de ce qui constitue toute officine de pharmacie ;

« Qu'en tout cas, ledit Le Thière ne pouvant exercer légalement sa pro.

fession à défaut d'accomplissement des formalités exigées par la loi du 21 germinal an xi, la contravention relevée à la charge de la dame Hahnemann n'en existait pas moins ;

« Attendu qu'il suit de là que la dame Hahnemann a, en 1846, sans diplôme ou certificat de réception valable en France, exercé l'art de la médecine en prenant le titre de docteur ; qu'elle a, à la même époque, fabriqué et débité, sans autorisation légale, des compositions ou préparations médicinales, délit prévu par les articles 35 et 36 de la loi du 19 ventôse an xi, 56 de la loi du 21 germinal an xi, et 6 de la déclaration du 25 avril 1777 ;

« Faisant application des dits articles, condamne la dame veuve Hahnemann à 100 fr. d'amende et aux frais du procès, »

IMPRIMERIE A. HENRY, RUE GÎT-LE-COEUR, 8.